Pater Karl Wallner / Gabriela Wozniak

Jesus im Fernsehen?

Eine Handreichung
für Mess-Übertragungen

EDITION MISSIO

Pater Karl Wallner / Gabriela Wozniak

Jesus im Fernsehen?

Eine Handreichung für Mess-Übertragungen

Edition Missio

Be+Be-Verlag: Heiligenkreuz 2023

ISBN 978-3-903602-76-2

Das Werk einschließlich aller seiner Teile ist urheberrechtlich geschützt. Jede Verwertung außerhalb der engen Grenzen des Urheberrechtsgesetzes ist ohne Zustimmung des Verlages unzulässig und strafbar. Das gilt insbesondere für die Vervielfältigung, Übersetzung, Mikroverfilmung und die Einspeicherung und Verarbeitung in elektronischen Systemen.

Alle Rechte vorbehalten. Printed in Europe 2023.

Fotos:

Missio: Titelfoto, 12, 13, 19, 23, 30, 33, 36, 42, 47, 48, 51, 56, 59, 60, 63, 65, 66, 68, 71, 76, 78, 82, 85, 87, 90, 91, 92, 93, 95, 97, 98, 99, 100, 102, 103, 104, 105, 106, 108, 112, 113, 114, 115, 116, 117, 119, 120, 121, 124, 125, 126, 128, 130, 132, 133, 134.

Fotografen: Francis Amomonpon, Markus Andorf, Jutta Becker, Stefan Csáky, Anne Fleck, Peter Goda, Katharina Hacker, Anna Kleemair, Simon Kupferschmied, Philipp Langmann, Missio, Elie Kabera Nyamasheke, Elisabeth Rittsteuer, FriedrichStark, Pater Karl Wallner, Gabriela Wozniak, Christian Yene.

Missio, von Privaten zur Verfügung gestellt: 4, 24, 34, 41, 42, 44, 52, 56, 75, 81, 90, 94, 109, 111.

Osservatore Romano: 72.

Korrektur: Dr. Anneliese Paul, Mag. Anne Fleck

Coverdesign und Layout: Augsten Grafik, www.augsten.at

© Be+Be-Verlag Heiligenkreuz im Wienerwald,
www.bebeverlag.at

Direkter Vertrieb:
Be+Be-Verlag Heiligenkreuz
A-2532 Heiligenkreuz im Wienerwald
Tel. +43-2258-8703-400
www.klosterladen-heiligenkreuz.at
E-Mail: bestellung@klosterladen-heiligenkreuz.at

Jesus im Fernsehen?

Eine Handreichung
für Mess-Übertragungen

EDITION MISSIO

Inhaltsverzeichnis

Einleitung 8

I. Teil
Wie feiere ich die Heilige Messe mit? 15
1. Warum ist die Mitfeier der Sonntagsmesse wichtig? 16
2. Wie soll ich mich in der Kirche verhalten? 21
3. Wie feiere ich eine Fernsehmesse fruchtbar mit? 25
   1. Tipp: Mache die Mitfeier zu Deiner Hauptsache! 26
   2. Tipp: Sei stilvoll und ehrfurchtsvoll! 26
   3. Tipp: Gestalte „Hauskirche" 26
   4. Tipp: Am besten feierst Du „miteinander" 26
   5. Tipp: Beginne bewusst 27
   6. Tipp: Verhalte Dich liturgisch 27
   7. Tipp: Sei innerlich und verbinde Dich geistlich 28
   8. Tipp: Nimm Dir bewusst Zeit und sei entspannt 28
   9. Tipp: Beende die Mitfeier bewusst 29
   10. Tipp: Für unsere Priester 31

II. Teil
Gebetserhörungen 35
1. Gott erhört den sehnsüchtigen Wunsch nach einem Baby ... 36
2. Heilung von einer Essstörung 38
3. Ein Schock leitet Umkehr und Bekehrung ein 39
4. Gott sei Dank hat er auf den Rat des Priesters gehört 40
5. Gott eröffnet Wege für die Firma 43
6. Die Befreiung aus einer Sekte 44
7. Eine Karriere-Frau findet Gott und sich selbst 46
8. Der Sohn wird vom Gefängnis ins Leben geführt 48

9. „Lockdown dank Mittagsmesse überstanden" 49
10. Als mein Bruder sich das Leben nehmen wollte 50
11. Physiotherapie mit außergewöhnlichem Erfolg 51
12. Die Kleptomanie besiegt 52
13. „Wir sind Tausende und tragen uns gegenseitig" 53
14. „Ich kann meine Sorgen und Nöte auf den Altar legen" 54
15. „Ich stelle mir Fragen – und bekomme endlich Antworten" 54
16. „Mein drogensüchtiger Sohn wurde clean" 56
17. „Ihr Leben hing an einem seidenen Faden …" 58
18. „Erst jetzt lebe ich wirklich!" 60
19. Endlich die richtige Diagnose! 61
20. „Ich war zur Sterbehilfe angemeldet" 62
21. „Die Mittagsmesse ist mein Training für die Messen im Ort" 64
22. Wie der 20-jährige Enkel seine Lethargie überwindet
    und Bäcker wird 64
23. Gott hört immer, aber manchmal anders, als man es erbittet 67
24. Die Geschichte vom verlorenen Enkelsohn 69
25. Ein Bayer wird zum Gott-kann-Apostel 69
26. Das Vertrauensbuch gab Gott die Chance, Wunder zu wirken 72
27. „Mein Interesse für den Glauben ist entbrannt" 74
28. Eine evangelische Beterin schaut mit Liebe
    auf die katholische Kirche 74
29. Gott schenkt eine wunderbare Versöhnung 74
30. Gott hilft, dass ein Stammzellenspender gefunden wird 77
31. Gott gießt Segen über eine Gebetsgruppe aus 77
32. Vater und Sohn finden zum Glauben 79
33. „Ich bin nun ganz versöhnt mit Papst Franziskus!" 80

III. Teil
Missio Österreich lädt ein 83

1. Wir sind für Sie da 84
2. Und wenn ich nicht in Österreich wohne …? 85
3. Unsere Mess-Übertragungen (Programm) 86

4. Wie stelle ich K-TV auf meinem Fernseher ein? ... 88
5. Wie stelle ich EWTN auf meinem Fernseher ein? ... 89
6. Wie kann ich die Heilige Messe online über das Internet mitfeiern? ... 90
7. Wie schicke ich eine Fürbitte? ... 91
8. Was ist der „Burundische Brotkorb"? ... 92
9. Die Missio-Kindermesse am Montag um 17 Uhr ... 94
10. Ein Segen zum Hochzeitsjubiläum über das Fernsehen ... 95
11. Die missionarische Verkündigung bei der Mittagsmesse ... 96
12. Heilige Messen in Persischer Sprache ... 97
13. Das Missio-Magazin allewelt ... 98
14. Die YouTube-Videos von Missio Österreich ... 100
15. Tolle Podcasts zum Anhören ... 101
16. Die Gebetsbewegung „Gott-kann" ... 102
17. Wie werde ich zum „Gott-kann" Apostel? ... 104
18. Wie bete ich den Rosenkranz? ... 105
19. Eine Viertelstunde vor dem Allerheiligsten ... 106
20. Die Seelenmesse am Freitag für Verstorbene ... 107
21. Eine Novene zur seligen Pauline Marie Jaricot ... 108
22. Die Priesterpatenschaften von Missio Österreich ... 110
23. Warum sind Mess-Stipendien so wertvoll? ... 112
24. Unser Kindermagazin „alleweltKIDS" ... 114
25. Die Young-Missio-Box ... 115
26. Der Testamentsratgeber ... 116
27. „Kelche für die Weltmission" ... 118
28. Unser missionarischer Missio-Shop ... 120
29. Das Siegeskreuz von Brescia ... 122
30. Das „Vertrauensbuch" ... 124
31. Die kleinen Missio-Taschenevangelien ... 125
32. Das Lebens-Kalender-Buch ... 126
33. Das Weihwasserfläschchen ... 127
34. Jugendgruppen und Schulklassen sind willkommen ... 129
35. Wir bauen ein Sankt-Karl-Borromäus-Krankenhaus in Afrika ... 131

Einleitung

Dieses Buch ist eine Antwort auf die Corona-Pandemie, die im März 2020 bei uns in Europa ausgebrochen war und zu einer Situation führte, die es in der 2000-jährigen Geschichte der Kirche noch nie gegeben hat. Aufgrund der Lockdowns, also der Ausgangs- und Besuchseinschränkungen, konnten die meisten Gläubigen physisch nicht mehr an der Feier einer Heiligen Messe teilnehmen.

Als Kirche leben wir von der Begegnung mit Jesus Christus in der Feier der Sakramente. Jede Heilige Messe, jeder Gottesdienst hat für uns Katholiken eine vertikale und horizontale Dimension, die unlösbar miteinander verschränkt sind: Gemeinschaft („Communio") mit dem dreifaltigen Gott und mit den mitfeiernden Schwestern und Brüder.

Im Mittelalter gab es die Kirchenstrafe des *„Interdikts"*. Der Papst oder der zuständige Bischof verhängte über ein bestimmtes Territorium das Verbot von gottesdienstlichen Handlungen. Die Sakramente durften nicht mehr gespendet und konnten folglich nicht mehr empfangen werden. Von den mittelalterlichen Menschen wurde ein solches Sakramentenverbot als schreckliche Bestrafung empfunden. Weil es als politisches Druckmittel missbraucht wurde, hat die Kirche das territoriale Interdikt schon lange abgeschafft, – doch nun kam ein Virus und verhängte ein flächendeckendes „Hygiene-Interdikt" über die Gläubigen. In fast allen Ländern der Welt, auch im Vatikan, wurde die Spendung der Sakramente eingeschränkt, in vielen die Abhaltung von öffentlichen Gottesdiensten unter Teilnahme der Gläubigen ausgesetzt …

Ein englisches Sprichwort lautet: *„Never miss a good crisis!"* Das klingt merkwürdig, denn eine Krise ist ja nie gut, und die Corona-Krise war definitiv etwas Böses, das unsere Gesellschaft nicht nur medizinisch, sondern auch psychologisch gespalten hat … Und doch! Es kommt nämlich darauf an, *wie* man mit einer Krise umgeht! Das griechische *„krisis"* kommt von „*krinein*", und das heißt wörtlich „trennen". Krise ist die Trennung vom Bisherigen, der Abschied vom Eingespielten und Selbstverständlichen. Jede Krise ist daher zunächst einmal unbequem, weil sie das Verharren im Gewohnten nicht mehr zulässt. Das gute Element, das eine Krise in sich trägt, besteht darin, dass sie einen zwingt, neue Lösungen zu suchen, Experimente zu wagen und Neues zu erfinden.

Das Virus hat etwas geschafft, das ein Dutzend päpstlicher Enzykliken, Apostolischer Schreiben und Konzilsdokumente in den letzten hundert Jahren, die zur Mission und zur Neuevangelisierung auffordern, nicht geschafft hat: Wir Katholiken waren gezwungen, neue Ideen und neue Wege zu entwickeln, um den Menschen beizustehen, vor allem auch, um sie durch Gebet und Gottesdienste zu stärken. Dabei ist Papst Franziskus eine maßgebliche Rolle zugekommen. Er ist ein Meister der symbolischen Gesten und des wegweisenden Agierens. Er hat hier neue Maßstäbe gesetzt, wie die Kirche über die Medien bei den Menschen sein kann, seine vom 10. März bis zum 18. Mai täglich übertragene Frühmesse wurde zum Quotenhit[1].

Auch wir bei Missio Österreich haben sofort die Mittel einzusetzen versucht, die uns schon zur Verfügung standen: Wir hatten schon seit 2017 eine Kapelle eingerichtet, von wo aus wir eine Mittagsmesse drei Mal die Woche über den katholischen Sender K-TV und über den Livestream übertrugen. Uns war klar, dass wir die Not meistern müssen, ja aus ihr vielleicht sogar eine Tugend machen können. Wir leben ja im 21. Jahrhundert, wo uns Medien zur Verfügung stehen, die es in den vergangenen 2000 Jahren noch nicht gegeben hat! Fernsehen oder Livestream bieten sich an, um neue Formen der Mitfeier des Gottesdienstes zu entwickeln. So haben wir ab dem 16. März 2020 begonnen, täglich eine „Mittagsmesse" zu übertragen, und für den Montag haben wir das Format der Übertragung einer „Kindermesse" um 17 Uhr entwickelt. Und das setzen wir bis heute fort!

Diese Übertragungen kosten uns viel Kraft; auch mussten wir in die Technik investieren und haben ein „allewelt-Studio" eingerichtet. Und doch ist gerade durch diese täglichen Fernsehmessen die Nationaldirek-

---

1 Mehr dazu in: Karl Wallner, Die Krise als missionarische Chance. Durch die Corona-Pandemie kommt die Verkündigung endlich in den Medien an, in: Walter Kardinal Kasper / George Augustin (Hg.), Christsein und die Corona-Krise. Das Leben bezeugen in einer sterblichen Welt. Mit einem Geleitwort von Papst Franziskus, Ostfildern 2020, 170-190.

tion der Päpstlichen Missionswerke in Wien zu einem missionarischen Hotspot geworden. Alle Überlegungen, die täglichen Übertragungen zu beenden, musste ich verwerfen, da es dann hunderte Anrufe, Emails und verzweifelte Bitten gab, bis hin zu Formulierungen wie: „Ohne Mittagsmesse kann ich nicht mehr leben …"

Doch wie ist das mit den Fernsehmessen, die es ja schon vor der Corona-Krise gegeben hat, die aber jetzt zu einer stärkeren Realität in der Kirche geworden sind, die bleiben wird. Bei der Verwendung der modernen Medien haben wir Katholiken im „alten" Europa ohnehin Nachholbedarf. Als ich im November 2022 die bedrängte und verfolgte Kirche in Pakistan besuchte, staunte ich nicht wenig, dass dort selbstverständlich jede Messe „gestreamt" wird und jede Diözese Fernseh- und Radiostudios betreibt. Die jungen wachsenden Kirchen haben schon lange die Möglichkeiten der digitalen Medien entdeckt, um Gottesdienste und Katechesen zu übertragen …

Dabei ist klar, dass es sich bei der Mitfeier der Heiligen Messe via Fernsehen, Livestream oder Radio um „Notfallmaßnahmen" oder um zusätzliche „geistliche Erbauung" handelt, die die „physische" Mitfeier nicht ersetzen kann. Das gilt besonders für die gebotene Mitfeier der Messe an Sonn- und Feiertagen. Unser Herr Jesus Christus hat uns ja die Sakramente in Form von äußeren sinnlichen Zeichen geschenkt. Das Mitfeiern der Messe nur vor dem Bildschirm kann daher niemals die persönliche Anwesenheit bei der Messfeier ersetzen. Die mediale Übertragung von Messen muss daher auch immer das Ziel haben, die Sehnsucht nach einer realen Mitfeier zu erwecken und zu fördern.

Die Übertragung von Fernsehmessen wird bleiben. Deshalb habe ich dieses Buch verfasst, das sehr praktisch gehalten ist und eine Art Handbuch sein soll.

Im 1. Teil werfen wir zuerst einen Blick auf die Bedeutung der Sonntagsmesse, hier begnüge ich mich mit einigen Texten aus dem Katechismus der Katholischen Kirche. Sodann ist es wichtig, dass wir katholische Christen auch auf eine Art „Mess-Etikette" achten, wenn wir in der Kirche an der Heiligen Messe teilnehmen. Es bedrückt mich schon lange als Priester, dass in den Museen eine andächtigere Stimmung herrscht als in unseren Kirchen, wo die Heiligkeit des Ortes und dessen, der nach unserem Glauben hier unter uns wohnt, immer weniger respektiert wird. Und schließlich gebe ich 10 praktische Tipps, wie man eine Fernsehmesse nicht nur passiv „anschaut", sondern innerlich, geistlich mitfeiert. Aus einer solchen Mitfeier einer Messübertragung ergibt sich ohne Zweifel auch eine Fruchtbarkeit in der Gnade, ein Segen für das eigene Leben.

Im 2. Teil sind einige der vielen wunderbaren Gebetserhörungen gesammelt, die sich um die Übertragung der Mittagsmesse herum ereignet haben und uns gemeldet wurden. Seit Ausbruch der Pandemie haben wir ca. 180.000 Fürbitten und Gebetsanliegen zugeschickt bekommen, täglich lesen wir einige bei der Mittagsmesse vor. Es gibt tausende Gebetserhörungen, hier hat Dr. Gabriela Wozniak, die für „Faithraising" und unsere Gebetsbewegung „Gott-kann" zuständig ist, nur einige exemplarische Erhörungen zusammengestellt. Durch die anonyme Veröffentlichung einiger Erhörungen soll unser Vertrauen auf die Zusage Christi in der Bergpredigt gestärkt werden. „Bittet, dann wird euch gegeben; sucht, dann werdet ihr finden; klopft an, dann wird euch geöffnet." (Matthäus 7,7) Die Förderung des Bittgebetes ist eine Förderung des gläubigen Gottvertrauens, dem dienen auch „Erfindungen" wie die Gebetskarten für den Burundischen Brotkorb oder das „Vertrauensbuch", wo man vorne die Bitten und hinten den Dank hineinschreiben kann.

Da dieses Buch jenen danken soll, die mit Missio Österreich verbunden sind oder sich verbinden wollen, stellt der 3. Teil einige unserer pastoralen Initiativen dar. Papst Franziskus mahnt uns immer wieder, dass wir uns nicht bloß als „*Hilfs*werke" verstehen dürfen, die halt „irgendwie die Welt verbessern wollen", sondern als „*Missions*werke". Natürlich helfen wir sozial und karitativ und humanitär und ökologisch, doch der Fokus liegt auf der Veränderung der Herzen der Menschen durch die Gnade Gottes. Unsere Gründerin, die selige Pauline Marie Jaricot hat ihr Werk auf die Säulen von Gebet, Information und Spende gegründet. So geben wir im 3. Teil einen kleinen praktischen Überblick: Von der Gebetsbewegung Gott-kann, über unsere Zeitschiften und Magazine, vom Apostolat an den neugetauften Persern, über die Mess-Stipendien bis hin zum Sankt-Karl-Borromäus-Krankenhaus … Sie werden staunen, was Missio Österreich alles macht.

Im März 2020 habe ich in einer inneren Not drei Gelübde abgelegt. Ich hatte damals wirkliche Angst um meine Mitarbeiterinnen und Mitarbeiter und um die Zukunft der Päpstlichen Missionswerke: Erstens, dass die aus dem armen Haiti stammende Marienstatue in unserer Missio-Kapelle eine Krone bekommt, wenn sie uns hilft, die Corona-Krise zu überstehen. Am 12. Mai 2021 konnte ich dieses Gelübde erfüllen: Gottes Gnade hat nicht nur meine Mitarbeiterinnen und Mitarbeiter vor Schaden bewahrt, sondern auch Missio insgesamt hat die Krise überstanden und ist sogar gewachsen. Wir können mehr helfen als je zuvor. Das zweite Gelübde war sehr spontan: Wenn wir die Corona-Krise überstehen, dann wird Missio ein großes Krankenhaus in einer der ärmsten Gegenden Afrikas bauen. Es soll als Patron den heiligen Karl Borromäus haben, den Pestpatron, zu dessen Ehre bei der letzten Pandemie in Österreich – das war die Pest von 1710 – der damalige Kaiser Karl VI. die berühmte Karlskirche im Herzen von Wien erbauen ließ. Bei Veröffentlichung dieses Buches im Frühjahr 2023 sind die Planungen für das „Sankt-Karl-Borromäus-Krankenhaus" in Mosambik abgeschlossen, über 100 Hektar Grund wurden bereits gekauft, das Kloster der Missionsbenediktiner ist im Entstehen und noch dieses Jahr soll der Grundstein gelegt werden. Dieser Krankenhausbau ist unser Dank an Gott, den wir so ausdrücken, dass wir den Ärmsten der Armen medizinische Versorgung schenken. Dazu brauchen wir noch viele Bausteine.

Und schließlich habe ich ein drittes Gelübde abgelegt, aber „in pectore", nur von Herz zu Herz mit meinem Gott. Damit ich es erfüllen könnte, müsste er so viele Wunder wirken, dass es vermessen wäre, es laut zu machen. Schauen wir mal! Bei Gott ist nichts unmöglich, aber mir ist es auch recht, wenn Seine Gedanken anders sind als die meinen. Darum werde ich das dritte Gelübde nicht laut machen. Es geht aber um etwas Missionarisches für Europa, denn wir können doch nicht tatenlos zuschauen, wie der Glaube an Jesus Christus bei uns schneller schmilzt als jeder Gletscher ...

Hoffentlich gefällt Ihnen dieses Buch. Wir hatten nicht wenige geistige Widerstände zu überwinden, um es veröffentlichen zu können ... Danken möchte ich noch unserer Faithraiserin Dr. Gabriela Wozniak, die die Gebetserhörungen im 2. Teil ausgesucht hat. Danken möchte ich unserer

Social-Media-Missionarin Anne Fleck und unserem Pressereferenten Michael Lastric sowie Dr. Lukas Lienhart und allen, die an den Texten im 3. Teil gefeilt haben. Und unserer geduldigen Korrektorin Dr. Anneliese Paul. Ich hoffe, dass sich für jede Leserin und jeden Leser in diesem Buch etwas findet, das ihn ein Stückchen näher zum lieben Gott bringt!

Prof. Pater Dr. Karl Wallner
Nationaldirektor der Päpstlichen Missionswerke
Wien, 24. Februar 2023

I. Teil

Wie feiere ich die Heilige Messe mit?

1. Warum ist die Mitfeier der Sonntagsmesse wichtig?

Ein Blick auf die Lehre der Kirche

Die Feier der Heiligen Messe ist, wie das 2. Vatikanische Konzil lehrt, „Quelle und Höhepunkt des ganzen christlichen Lebens".² Die Mitfeier der Heiligen Messe, vor allem an Sonn- und Feiertagen, kann gar nicht hoch genug eingeschätzt werden! In der Christenverfolgung des Jahres 303 antworteten die 49 Märtyrer von Abitene im heutigen Tunesien, als ihnen vorgeworfen wurde, dass sie trotz des kaiserlichen Verbotes weiterhin die Messe feierten mit den Worten: *„Sine dominico non possumus!* Ohne die Sonntagsmesse können wir nicht leben." Und wie ist das mit uns heute?

Daher sollen hier einige Punkte aus dem „Katechismus der Katholischen Kirche" (KKK) wiedergegeben werden, wo die Lehre der Kirche über die Mitfeier der (Sonntags-)Messe zusammengefasst wird.

2189 „Achte auf den Sabbat: Halte ihn heilig!" (Deuteronomium 5, 12). „Der siebte Tag ist Sabbat, Ruhetag, heilig für den Herrn" (Exodus 31, 15).

2190 An die Stelle des Sabbats, des Gedenkens an die Vollendung der ersten Schöpfung, ist der Sonntag getreten, der an die neue Schöpfung erinnert, die mit der Auferstehung Christi angebrochen ist.

2191 Die Kirche feiert die Auferstehung Christi am achten Tag, der mit Recht Tag des Herrn oder Sonntag genannt wird³.

2192 „Der Sonntag ... ist aus apostolischer Tradition in der ganzen Kirche als der gebotene ursprüngliche Feiertag zu halten."⁴ „Am

---
2 2. Vatikanisches Konzil, Lumen Gentium, Nr. 11.
3 2. Vatikanisches Konzil, Sacrosanctum Concilium Nr. 106.
4 Codex Iuris Canonici, can 1246 § 1.

Sonntag und an den anderen gebotenen Feiertagen sind die Gläubigen zur Teilnahme an der Messfeier verpflichtet."⁵

2177 Die sonntägliche Feier des Tages des Herrn und seiner Eucharistie steht im Mittelpunkt des Lebens der Kirche. „Der Sonntag, an dem das österliche Geheimnis gefeiert wird, ist aus apostolischer Tradition in der ganzen Kirche als der gebotene ursprüngliche Feiertag zu halten. Ebenso müssen gehalten werden die Tage der Geburt unseres Herrn Jesus Christus, der Erscheinung des Herrn, der Himmelfahrt und des heiligsten Leibes und Blutes Christi, der heiligen Gottesmutter Maria, ihrer Unbefleckten Empfängnis und ihrer Aufnahme in den Himmel, des heiligen Joseph, der heiligen Apostel Petrus und Paulus und schließlich Allerheiligen."⁶

2178 Dieser Brauch der christlichen Versammlung geht auf die Zeit der Apostel zurück⁷. Der Hebräerbrief ermahnt: „Lasst uns nicht unseren Zusammenkünften fernbleiben, wie es einigen zur Gewohnheit geworden ist, sondern ermuntert einander" (Hebräerbrief 10,25).

Die Überlieferung bewahrt die Erinnerung an eine stets aktuelle Ermahnung: „Früh zur Kirche kommen, sich dem Herrn nahen und seine Sünden beichten, im Gebet bereuen, ... der heiligen, göttlichen Liturgie beiwohnen, sein Gebet beenden und nicht weggehen vor der Entlassung ... Wir sagten es schon oft: Dieser Tag ist euch zum Gebet und zum Ausruhen gegeben. Er ist der Tag, den der Herr gemacht hat. An ihm lasst uns jubeln und uns freuen."⁸

2179 „Die Pfarrei ist eine bestimmte Gemeinschaft von Gläubigen, die in einer Teilkirche auf Dauer errichtet ist und deren Seelsorge unter der Autorität des Diözesanbischofs einem Pfarrer als ihrem

---

5 Codex Iuris Canonici, can 1247.
6 Codex Iuris Canonici, can. 1246, § 1.
7 Vgl. Apostelgeschichte 2,42-46; 1. Korintherbrief 11,17.
8 Sermo de die dominica.

eigenen Hirten anvertraut wird."⁹ Sie ist der Ort, wo sich alle Gläubigen zur sonntäglichen Eucharistiefeier versammeln können.

„Du kannst daheim nicht beten wie in der Kirche, wo eine große Anzahl da ist und wo wie aus einem Herzen zu Gott gerufen wird. Hier ist mehr: die Einheit der Gesinnungen, der Einklang der Seelen, das Band der Liebe, die Gebete der Priester."¹⁰

2180 Eines der Kirchengebote bestimmt das Gesetz des Herrn genauer: „Am Sonntag und an den anderen gebotenen Feiertagen sind die Gläubigen zur Teilnahme an der Messfeier verpflichtet."¹¹

„Dem Gebot zur Teilnahme an der Messfeier genügt, wer an einer Messe teilnimmt, wo immer sie in katholischem Ritus am Feiertag selbst oder am Vorabend gefeiert wird."¹²

1389 Die Kirche verpflichtet die Gläubigen, „an den Sonn- und Feiertagen der Göttlichen Liturgie ... beizuwohnen"¹³ und, durch das Bußsakrament darauf vorbereitet, wenigstens einmal im Jahr die Eucharistie zu empfangen, wenn möglich in der österlichen Zeit. Die Kirche empfiehlt jedoch den Gläubigen nachdrücklich, die heilige Eucharistie an den Sonn- und Feiertagen oder noch öfter, ja täglich zu empfangen.

2181 Die sonntägliche Eucharistie legt den Grund zum ganzen christlichen Leben und bestätigt es. Deshalb sind die Gläubigen verpflichtet, an den gebotenen Feiertagen an der Eucharistiefeier teilzunehmen, sofern sie nicht durch einen gewichtigen Grund (z. B. wegen Krankheit, Betreuung von Säuglingen) entschuldigt oder durch ihren Pfarrer dispensiert sind. Wer diese Pflicht absichtlich versäumt, begeht eine schwere Sünde.

---

9   Codex Iuris Canonici, can. 515, § 1.
10 Johannes Chrysostomus, De incomprehensibili dei natura, homilia 3,6.
11 Codex Iuris Canonici, can. 1247.
12 Codex Iuris Canonici, can. 1248, § 1.
13 2. Vatikanisches Konzil, Orientalium Ecclesiarum, Nr. 15.

2182 Die Teilnahme an der gemeinsamen sonntäglichen Eucharistiefeier bezeugt die Zugehörigkeit und Treue zu Christus und seiner Kirche. Die Gläubigen bestätigen damit ihre Gemeinschaft im Glauben und in der Liebe. Sie bezeugen gemeinsam die Heiligkeit Gottes und ihre Hoffnung auf das Heil. Sie bestärken einander unter der Leitung des Heiligen Geistes.

2183 „Wenn wegen Fehlens eines geistlichen Amtsträgers oder aus einem anderen schwerwiegenden Grund die Teilnahme an einer Eucharistiefeier unmöglich ist, wird sehr empfohlen, dass die Gläubigen an einem Wortgottesdienst teilnehmen, wenn ein solcher in der Pfarrkirche oder an einem anderen heiligen Ort gemäß den Vorschriften des Diözesanbischofs gefeiert wird, oder dass sie sich eine entsprechende Zeit lang dem persönlichen Gebet oder dem Gebet in der Familie oder gegebenenfalls in Familienkreisen widmen."[14]

---

14 Codex Iuris Canonici, can. 1248, § 2.

2. Wie soll ich mich in der Kirche verhalten?

Zwölf wichtige Punkte zur „Mess-Etikette"

Wenn Du an einer Heiligen Messe in der Kirche teilnimmst, dann beachte bitte die folgenden Punkte der „Mess-Etikette". Freilich: Es geht um mehr als „Etikette", weil die Heilige Messe etwas unvergleichlich Anderes und Höheres ist als jede andere Veranstaltung: Es ist die *Heilige* Messe und darum schulden wir es Gott, dem wir begegnen, dass wir uns ehrfürchtig benehmen.

Zugleich brauchen wir selbst eine solche Ehrfurcht, damit wir uns innerlich öffnen können, damit wir konzentriert eintreten können in den spirituellen Raum der Begegnung mit unserem Herrn und Erlöser. Wir verlieren etwas, wenn wir das Heilige nicht heilig halten.

Das sind die zwölf wichtigsten Punkte, die Du bei der Mitfeier der Messe beachten solltest:

1. Faste: Halte das vorgeschriebene eucharistische Fasten und iss eine Stunde vor der Heiligen Kommunion nichts, damit Du innerlich „Hunger" auf die Begegnung mit dem Herrn bekommst. Nur Wasser ist erlaubt.

2. Komm früher: Sei einige Minuten vor Beginn in der Kirche, damit Du Dich geistlich gut vorbereiten kannst. Du brauchst das stille Gebet. So kannst Du auch überlegen, für welche Person oder welches Anliegen Du ganz besonders beten willst.

3. „Ich habe Zeit": Entfalte in Dir das Gefühl „Ich habe Zeit!" Werde ruhig, widersage jeder Form von Stress! Bitte Gott, Dich seine Gegenwart spüren zu lassen und freue Dich an ihr.

4. Iss nichts: Während der Heiligen Messe ist es nicht erlaubt, zu essen oder zu trinken, – außer Wasser und Medikamente. Hustenpastillen sind erlaubt, Kaugummi nicht.

5. Kleide dich würdig: Deine Kleidung soll angemessen und respektvoll sein. So drückst Du Deine innere Ehrfurcht vor den Heiligen Mysterien aus und hebst Deine eigene Stimmung.

6. Schalte das Handy aus: Beim Betreten der Kirche schalte das Handy aus oder stelle es auf lautlos. Beachte, dass es auch im Vibrationsmodus stören kann!

7. Das Smartphone darf Dich nicht ablenken: Du darfst ein Smartphone in der Kirche auf keinen Fall zur Ablenkung und Oberflächlichkeit verwenden. Natürlich kannst Du es für das Stundengebet, das Lesen der Bibel, die Aufnahme der Predigt usw. verwenden.

8. Kniebeuge: Wenn Du die Kirche betrittst, dann mache eine Kniebeuge in Richtung zum Tabernakel, bevor Du Dich hinsetzt. Ebenso, wenn Du die Kirche verlässt.

9. Feiere mit: Sitz nicht bloß da, sondern nimm aktiv teil, indem Du zuhörst, antwortest, mitsingst und mitbetest. Der heilige Augustinus sagt: „Wer singt, betet doppelt!"

10. Lenke andere nicht ab: Lass die Mitfeiernden in Ruhe und störe sie nicht durch Tratschen oder Herumgehen. Du kannst durch nette Blicke oder Zunicken Deine Verbundenheit zeigen, ohne sie an der geistlichen Sammlung zu hindern.

11. Heilige Kommunion: Erforsche vorher Dein Gewissen, denn sie ist eine persönliche Begegnung mit Jesus, der Dich durch und durch kennt. „Kommunion" kommt von „communio", das heißt „Gemeinschaft". Deine Gemeinschaft mit Jesus fordert auch, dass Du Dich innig mit ihm im stillen Gebet zur verbinden suchst.

12. Übe Nächstenliebe: Wenn notwendig, biete Deinen Sitzplatz Älteren an, dränge Dich bei der Kommunion nicht vor und erkenne in den anderen Deine „Brüder und Schwestern in Christus". Nimm Dir nach der Messe Zeit, um Dich beim Kirchenausgang mit den Mitfeiernden auszutauschen.

3. Wie feiere ich eine Fernsehmesse fruchtbar mit?

Zehn praktische Tipps wie aus dem Anschauen ein Mitfeiern wird

Für die Mitfeier von „Fernsehmessen" gibt es meines Wissens noch keine Regeln. Nach Anordnung der Kirche muss aber jede Heilige Messe immer *live* übertragen werden, damit die Gläubigen sich auch wirklich zeitgleich mit dem sakramentalen Geschehen, vor allem bei der Wandlung, verbinden können. Dies gilt zumindest für den deutschen Sprachraum. Natürlich kann man sich auch eine aufgezeichnete Messe andachtsvoll anschauen. Damit aber ein reales *Mitfeiern* geschieht, muss die Messübertragung *live* erfolgen! Schon dadurch drücken die kirchlichen Autoritäten aus, dass es ihnen zu wenig ist, wenn man die Fernsehmesse bloß „anschaut". Geistlich fruchtbar kann eine sakramentale Feier ja nur sein, wenn man innerlich mit-tut, mit-feiert ...

Doch andächtig an einer Live-Messe teilnehmen: das ist leichter gesagt als getan! Wir haben es noch nicht gelernt, die Messe vor dem Fernseher oder Livestream „mitzufeiern." Nochmals: Das bloße *Zuschauen* wäre zu wenig! Wir brauchen ein *Mitfeiern*! So wie die physische Teilnahme am Gottesdienst eine äußere Ordnung braucht, so auch die Mitfeier vor dem Bildschirm. „Kult" braucht „Kultur". Daher müssen wir für dieses neue Phänomen der Fernsehmessen eine „Kultur" des Mitfeierns entwickeln, damit aus dem passiven Zuschauen ein aktives Mitfeiern wird, das dann auch gnadenhaft wirksam wird. Hier betreten wir weitgehend Neuland!

Ich möchte deshalb 10 Tipps geben, wie man zu Hause, vor dem Bildschirm mitfeiern kann:

1. Tipp: Mache die Mitfeier zu Deiner Hauptsache!

Während des Gottesdienstes solltest Du nicht anderen Beschäftigungen daneben nachgehen, etwa essen oder am Smartphone herumwischen. Die Mitfeier soll für Dich nicht bloß eine „Neben-sache" sein, mache sie zur „Haupt-sache" und fokussiere Dich!

2. Tipp: Sei stilvoll und ehrfurchtsvoll!

Ziehe Dich für das Ereignis passend an. Pyjama und Jogginganzug sind für den Alltag. Jede Messe ist eine „Feier". Du musst Dir in Deiner Wohnung natürlich kein „Sonntagsgewand" anziehen, aber Dein bequemes Home-Outfit soll stilvoll und würdevoll sein.

3. Tipp: Gestalte „Hauskirche"

Da Du Dich in Deinem profanen Wohnbereich befindest, solltest Du einige Maßnahmen treffen, um Dein Zuhause in eine „Hauskirche" zu verwandeln.

Du musst selber ein Gefühl für das entwickeln, was Dir zur Mitfeier hilft. Ein großer Fernseh-Bildschirm ist besser als ein kleiner, oder gar nur Laptop oder das Smartphone.

Du darfst Ideen entwickeln, zum Beispiel: Stelle ein Kreuz auf, zünde eine Kerze an, platziere eine Ikone, ein Herz-Jesu-Bild oder ein Marienbild in der Nähe des Bildschirms, schalte das Licht ab ... Du kannst auch Bilder Deiner Lieben neben dem Bildschirm aufstellen, um für sie zu beten. Lass Dir was einfallen!

4. Tipp: Am besten feierst Du „miteinander"

Da es sich gemeinsam besser betet, so feiere – wenn es möglich und erlaubt ist – die Heilige Messe mit anderen, etwa aus Deinem Haushalt. Ideal wäre es, wenn sich die ganze Familie zur Live-Messe versammelt. Durch eine unaufdringliche Einladung an Mitbewohner, die keine so große Lust haben, hast Du sogar die Chance, „missionarisch" zu sein.

5. Tipp: Beginne bewusst

Wenn möglich, bereite die Texte der Messe vor und lege sie Dir zurecht. Und am Beginn bete ein Vorbereitungsgebet. Das katapultiert Dich in die geistige Dimension. Durch ein Gebet überschreitest Du geistig die Grenze vom banalen Dasein zum Sein vor Gott.

Gebet vor Beginn der Heiligen Messe

> Du, Jesus, bist das Licht der Welt.
> Du bist von den Toten auferstanden und vertreibst alle Dunkelheit.
> Erleuchte, was in mir und um mich dunkel ist.
> Du trägst mein Leben.
> Nimm an meinen Dank.
> Erhöre meine Bitten.
> Ich feiere die Heilige Messe mit
> und bitte dabei besonders für … / um …
> Lass mein Herz für Dich brennen!
> Amen.

6. Tipp: Verhalte Dich liturgisch

Versuche die Heilige Messe so mitzufeiern, als ob Du in der Kirche direkt dabei wärst. Du kannst gerne mitbeten und mitsingen, Dich bekreuzigen … Zumindest beim Evangelium und beim *Vater Unser* solltest Du stehen. Wenn es Dir möglich ist, so knie bei der Wandlung nieder. Du darfst hier aber nach Gefühl handeln, damit Dein Verhalten vor dem Fernseher oder Computer nicht peinlich für Dich oder für andere wird.

7. Tipp: Sei innerlich und verbinde Dich geistlich

Während der Heiligen Kommunion verbinde Dich im Geist mit Jesus. Lade ihn in Dein konkretes Leben ein. Bete ein Gebet zur Geistlichen Kommunion und vertraue Jesus Dein Leben, Deine Sorgen, an. Bitte Ihn, danke Ihm. Sei intensiv innerlich.

Gebet zur geistlichen Kommunion

> Mein Jesus,
> ich glaube, dass Du im Allerheiligsten Sakrament
> des Altares zugegen bist.
> Ich liebe Dich über alles und meine Seele sehnt sich nach Dir.
> Da ich Dich aber jetzt im Sakrament des Altares
> nicht empfangen kann,
> so komm bitte geistigerweise zu mir
> und nimm Wohnung in meinem Herzen.
> Ich umfange Dich und vereinige mich mit Dir.
> In tiefster Ehrfurcht bete ich Dich an.
> Sei Du mein Licht, meine Kraft und mein Heil
> – und segne meine Lieben.
> Halte mich fest und lass mich niemals von Dir scheiden.
> Lass nicht zu, dass ich mich je von Dir trenne. Amen.

8. Tipp: Nimm Dir bewusst Zeit und sei entspannt

Wenn Du zu Hause mitfeierst, ist es sehr einfach davonzulaufen oder umzuschalten, wenn es einmal nicht so spannend ist. Lass das! Die Messe endet auch für Dich vor dem Bildschirm mit dem Segen Gottes und dem „Gehet hin in Frieden!"

Schutzgebet zum heiligen Erzengel Michael, deutsch[15]

Heiliger Erzengel Michael, verteidige uns im Kampfe! Gegen die Bosheit und die Nachstellungen des Teufels sei unser Schutz. „Gott gebiete ihm!" – so bitten wir flehentlich. Du aber, Fürst der himmlischen Heerscharen, stoße den Satan und die anderen bösen Geister, die in der Welt umhergehen, um die Seelen zu verderben, durch die Kraft Gottes hinab in die Hölle. Amen.

Schutzgebet zum heiligen Erzengel Michael, lateinisch

Sancte Míchael Archángele, defénde nos in próelio.
Contra nequítiam et insídias diáboli esto praesídium.
„Ímperet illi Deus", súpplices deprecámur:
tuque, Princeps milítiae caeléstis,
Sátanam aliósque spíritus malígnos,
qui ad perditiónem animárum pervagántur in mundo,
divína virtúte, in inférnum detrúde. Amen.

9. Tipp: Beende die Mitfeier bewusst

Am Schluss mache das Kreuzzeichen und beende die Mitfeier mit einem Gefühl der Dankbarkeit. Dann solltest Du aufstehen und etwas Anderes machen, denn Du bist ja ins Leben hinausgesendet worden: „*Ite missa est* …" heißt wörtlich: „Geht, es ist Sendung!" Bete ein abschließendes Gebet. Zum Beispiel:

---

15 Deutsche Übersetzung aus dem L'Osservatore Romano, deutsche Ausgabe, vom 12. Oktober 2018, Seite 3. Hinweis: Im Missio-Shop bieten wir eine kleine handangefertigte Statue des Heiligen Erzengels Michael an mit dem Schutzgebet. Und wir haben eine Gebetskarte mit dem Gebet zur Geistlichen Kommunion und dem Erzengel-Michael-Schutzgebet, die wir gerne gratis zuschicken.

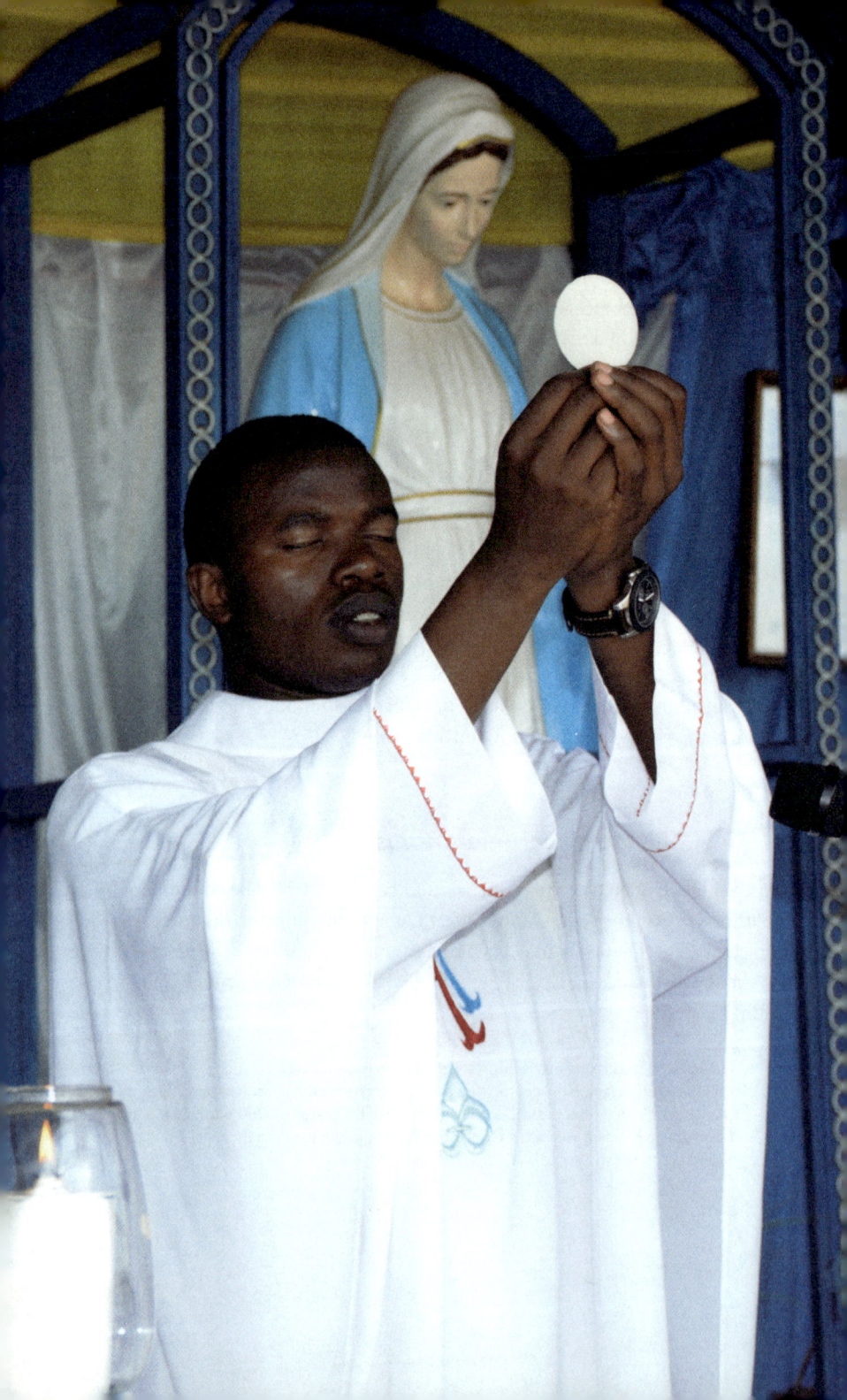

Gebet zur seligen Pauline Marie Jaricot

> Barmherziger Gott, Du hast der seligen Pauline Marie Jaricot die Gnade geschenkt, neue Wege zu finden,
> um die Frohe Botschaft bis an die Grenzen der Erde zu tragen. Auf ihre Fürsprache erwecke in uns unerschöpfliche Liebe zu den Armen und leidenschaftlichen Eifer für die Mission. Mache auch uns bereit, für die Ausbreitung des Evangeliums zu beten, zu arbeiten und zu leiden. Darum bitten wir durch Christus unseren Herrn. Amen.

10. Tipp: Für unsere Priester

Diesen letzten Tipp möchte ich meinen Mitbrüdern geben. Die Feier einer Messe, wo ein Teil der Mitfeiernden – manchmal sogar die Mehrheit – nicht direkt vor uns sitzen, sondern irgendwo zu Hause vor dem Fernsehapparat, ist für uns ungewohnt. Übertragungen von Messen im Fernsehen und im Livestream hat es schon vor Corona gegeben, jetzt nach Corona müssen wir uns darauf einstellen.

Bei einem Besuch 2022 in Pakistan hat es mich beeindruckt, dass in dieser bedrängten Kirche standardmäßig jede Bischofsmesse im Livestream übertragen wird. Ein halbes Dutzend Kameras sind im Altarraum, vor dem Ambo und dem Chor aufgebaut. Das ermöglicht es den Gläubigen in der Zerstreuung, die keine Chance hätten, zur Messe zu kommen, teilzunehmen. In Pakistan, das auf Platz 7 des Christenverfolgungsindex liegt, hat man ganz selbstverständlich aus der Not eine Tugend gemacht und nützt die Möglichkeiten des 21. Jahrhunderts um Kirche aufzubauen und die Gläubigen zu verbinden.

Für uns Priester ist es notwendig, dass wir uns psychologisch auf diese Situation einstellen. Wir sind es nicht gewohnt, über Kameras mit einer unsichtbaren Gemeinde zu interagieren. Wenn wir es aber verabsäumen, eine Verbindung mit den Mitfeiernden „zu Hause" herzustellen, dann nehmen wir ihnen die Chance, mitzufeiern. Daher müssen wir etwas völlig Neues lernen: mit den Menschen via Kamera zu kommunizieren! Die Mitfeiernden werden es schätzen, wenn wir uns bei den Gebetsteilen und beim Hochgebet innerlich voll auf den Herrn konzentrieren. Da brauchen wir nicht in die Kamera schauen! Es gibt aber Teile der Messe, wo wir die Herzen der Mitfeiernden zu Hause erreichen *müssen*. Wir müssen lernen, so zu agieren, dass „der Funke überspringen" kann: indem wir z.B. bei den Verkündigungsteilen Blickkontakt über die Kamera suchen. Und indem wir uns trauen, die für uns unsichtbaren Menschen zu Hause direkt und persönlich anzusprechen …

Persönlich möchte ich als Priester hinzufügen, dass die Feier der Messe im ersten Lockdown 2020 mit nur zwei oder drei Gläubigen, am Anfang frustrierend war. Dass Zehntausende über das Fernsehen dabei waren, spürt man ja nicht. Liturgie lebt auch von der Interaktion, von den kraftvollen Antworten des Gottesvolkes. Und bei der Predigt habe ich in ein schwarzes Kameraobjektiv hinein gesprochen, das war sehr ungewohnt.

Ein Tipp: Ich habe das so gelöst, dass ich mir aus dem Internet Bilder mit interessanten Gesichtern ausgesucht habe. Ich habe diese Gesichter ausgedruckt und direkt neben die Kameras gehängt. Dann habe ich einfach auf diese „Personen" eingeredet … Besonders hilfreich waren für mich Gesichter mit fragendem Gesichtsausdruck, denn so wurde ich daran erinnert, dass da Menschen zusehen, die Fragen, Sorgen, Nöte haben. Und dass es meine Aufgabe ist, ihnen das Evangelium in ihre Herzen zu tragen, auch wenn sie weit weg sind und ich sie nicht persönlich sehen kann.

Mich persönlich hat im ersten Lockdown, wo ich die Messe in einer leeren Kapelle feiern musste, auch der Gedanke gerettet, dass die Liturgie der Einbruch Gottes in diese Welt ist, ein übernatürliches Kommen und Wirken Gottes. Wir Priester sind – und das ist auch gut so – oft stark fokussiert auf die Gemeinde, auf die Gläubigen. Das ist gut so. Wir wären schlechte Diener des Herrn, wenn wir nicht die Sehnsucht danach haben, dass unsere Kirchen voll sind, dass viele Menschen kommen, dass wir vielen die Frohe Botschaft verkünden und die Gemeinschaft mit Christus schenken können. Doch Liturgie ist nicht nur Seelsorge mit der Zielrichtung auf die Gläubigen; sie ist, wie das 2. Vatikanische Konzil sagt, *„vor allem* Anbetung der göttlichen Majestät" (Sacrosanctum Concilium Nr. 33). Mich hat der Gedanke gerettet, dass der Wert einer Heiligen Messe unabhängig ist von der Zahl der sichtbar auf Erden Mitfeiernden. Dass es unermesslich wertvoll ist, Gott zu dienen, und dass ein so verstandener Dienst an Gott dann wieder zum Dienst Gottes an den Menschen wird.

II. Teil

Gebetserhörungen

1. Gott erhört den sehnsüchtigen Wunsch nach einem Baby

Josef* hat eine Tochter, Verena*. Sie ist Ende 20 und verheiratet. Verena und ihr Mann hätten gerne Kinder, doch medizinisch scheint das unmöglich. Dieser Umstand bereitet der ganzen Familie viel Kummer, denn eine große Familie ist immer schon Verenas Traum gewesen. Das junge Ehepaar sucht nach Lösungen und konsultiert viele Ärzte, doch keiner kann ihnen helfen.

Der Vater von Verena, Josef, feiert fast jeden Tag die Mittagsmesse mit. Als er hört, dass andere Paare, die als unfruchtbar galten, auf die Fürbitte in der Mittagsmesse hin Kinder bekommen haben, macht ihm das Hoffnung. Er beschließt, sein ganzes Vertrauen in Gott zu legen. Verena ist von der Idee zwar nicht begeistert, hat aber auch nichts dagegen, dass für sie gebetet wird.

Josef schreibt also an Missio Österreich und bittet, dass seine Tochter und ihr Mann auch ein Kind bekommen würden. Daraufhin ruft er fast jeden Tag bei Verena an und lenkt das Gespräch immer so, dass sie gegebenenfalls die Chance hat, ihm die frohe Nachricht zu übermitteln. Verena merkt das und ärgert sich. Sie erklärte ihrem Vater, sie würde ihn erst dann wieder zurückrufen, wenn sie sicher sein könnte, dass ein Kind unterwegs sei. Und fügte hinzu: „Also hoffentlich hören wir uns noch in den nächsten 10 Jahren." Josef tut das weh, aber er fühlte sich dadurch umso motivierter, weiter zu beten und schickt auch weitere Fürbitten für seine Tochter.

Eines Tages, nach paar Monaten Funkstille, ruft Verena ihren Vater doch wieder an. Ohne ‚hallo' zu sagen, schreit sie ins Telefon: „Papa, ich bin schwanger!" Die Freude ist übergroß. Auf diese Nachricht hat Josef genauso gewartet wie darauf, die Stimme seiner Tochter wieder zu hören. Er kann vor Freude die ganze darauffolgende Nacht nicht schlafen. Es ist sein erbetetes Enkelkind!

Doch ein paar Wochen später ruft Verena wieder an. Dieses Mal klingt ihre Stimme nicht so euphorisch. Sie bittet ihren Vater, noch einmal für sie zu beten und an Missio zu schreiben, denn es hat sich herausgestellt, dass ihr Kind behindert sein werde. Verena weint. Josef versucht zumindest das Schlimmste zu verhindern und die Tochter soweit zu bringen, dass sie das Kind nicht abtreibt, aber deren Angst ist übergroß und Josef ist sich nicht sicher, wie sich seine Tochter entscheiden würde. Er selbst liebt sein Enkerl jetzt schon – im Bauch und mit oder ohne Behinderung. So schreibt er wieder an Missio: „Wir haben so sehr auf das Kind gewartet! Bitte Jesus, mach, dass es gesund wird."

Weinend schickt er diese Fürbitte ab. Am nächsten Tag wird sie laut vorgelesen. Josef kann sich später gut an diesen Samstag erinnern.

Montags darauf spricht er wieder mit seiner Tochter. Verena hat sich – nach dem Gespräch mit einer Freundin, die selbst vor Jahren in ähnlicher Situation gewesen ist – entschieden, ihr Kind zu behalten. Für Josef ist das die erste, entscheidende Gebetserhörung. Er sichert seiner Tochter zu: Sollte sie je Probleme haben, würde er ihr immer helfen. „Hauptsache, das Kind kommt auf die Welt!"

Doch Gott bereitet der Familie noch mehr Überraschungen: Bei der nächsten Untersuchung stellt sich heraus, dass das Kind nicht so schwer behindert ist, wie man anfangs angenommen hatte. Wenige Wochen später erklärt der Arzt schließlich, das Kind sei gar nicht behindert. Die vorher diagnostizierten Entwicklungsstörungen haben sich ausgewachsen und es bestehe überhaupt kein Grund zur Sorge mehr.

Nun ist der Bub auf die Welt gekommen. Josef schreibt: „Er ist gesund, brav, isst und schläft viel. Das hat er von mir. Wir lieben ihn alle."

---

*   Name wurde von den Herausgebern geändert.

2. Heilung von einer Essstörung

Oma Hildegard* wohnt in Oberbayern und hat einen Enkel, Benjamin, der 18 Jahre alt ist. Benjamin liebt Gott und will ihn auch kennenlernen, fast täglich liest er Bibel. Gott sei Dank sind seine Eltern auch gläubig: die Mutter ist katholisch und der Vater Anglikaner.

Es gibt in der Familie nur eine Not: Benjamin leidet seit ein paar Jahren an einer heftigen Ess-Störung, die seine ganze Persönlichkeit beeinflusst. Tagsüber isst er gar nichts, am Abend holt er alles nach und dann bekommt er Verdauungsprobleme. Diese Spirale scheint ausweglos.

Als Benjamin seine Matura machen soll, scheint ihm diese Herausforderung zu groß. Er versucht auf Jesus zu vertrauen, doch es fällt ihm schwer. Seine Familie leidet mit, denn die Zukunft von Benjamin hängt ja auch von seiner Matura ab.

Hildegard aber schaut regelmäßig die Mittagsmessen und vertraut sehr auf die Kraft der Fürbitte. So schickt sie nicht nur eine, sondern – über Monate verteilt – viele Fürbitten für ihren Enkelsohn. In seinem Anliegen betet sie auch täglich ihr „Gott kann"-Gesätzchen. Der Familie erklärt sie immer wieder: „Jesus wird mich nicht wegschicken!" Und zu Jesus wiederholt sie die Worte: „Lass meinen Enkel ja nicht fallen!" Eines Tages ruft sie uns wieder an. Unsere Mitarbeiterin erwartet eine weitere Fürbitte für

Benjamin, doch diesmal ist es anders. „Wenn das kein Wunder ist", berichtet die Oma aufgeregt, „Benjamin ist geheilt! Er isst normal, ist ausgeglichen, lernt für die Matura und trägt sich mit dem Gedanken, Theologie zu studieren. Seine Eltern haben ihren Augen nicht getraut, als er sich beim Mittagessen das erste Mal wieder eine ganz normale Portion genommen hat. Als ob nie etwas gewesen wäre! Wenn er jetzt mit ihnen isst und lacht, weiß niemand, wie das passiert ist. Aber ich habe es immer schon gewusst: Jesus würde ihn nicht fallenlassen und mich nicht wegschicken!"

Benjamin lernt jetzt eifrig für seine Matura. Seine Oma betet natürlich, dass alles gut geht, doch im tiefen Herzen weiß sie: „Wenn er die Ess-Störung überwunden hat, dann schafft er auch die Matura. Jesus steht ihm offensichtlich bei! Danke für Euer Gebet! Danke, Jesus!"

3. Ein Schock leitet Umkehr und Bekehrung ein

Margot* feiert unsere Mittagsmesse gerne mit. Sie ist mittleren Alters, arbeitet im Gesundheitswesen und hat einen achtzehnjährigen Sohn Peter, den sie sehr liebt. Margot ist gläubig, vertraut auf Gott und versucht, Peter immer wieder vor Gott zu bringen, damit auch er einmal zu einer lebendigen Beziehung mit Jesus findet. Peter, der Margot viel Freude macht, hat noch keinen eigenen Glauben – auch wenn er die religiöse Tradition der Mutter respektiert und schätzt.

Eines Tages aber versetzt er seine Mutter in Schock. Während er für ein paar Tage an einer Schulung teilnimmt und deshalb nicht zuhause ist, schickt er ihr eine WhatsApp-Nachricht: Er habe in der Nacht Teufel und Dämonen gesehen und sei deshalb total durch den Wind.

Margot ist genauso erschrocken wie ihr Sohn. Sie weiß, dass er vernünftig ist und sich keine Geschichten ausdenkt. So eine Verwirrung kennt sie von ihm nicht. Sie macht sich große Sorgen und schickt ihm sofort das Gebet zum Erzengel Michael. Gleichzeitig ist es ihr wichtig, dass bei der Mittagsmesse für ihn gebetet wird. Vor lauter Sorge schreibt sie die Fürbitte sowohl an fürbitte@missio.at, als auch an Pater Karl persönlich.

Als Pater Karl dann während der Mittagsmesse bittet, dass man die Fürbitten nicht direkt an ihn und nicht unmittelbar vor der Messe schickt, schämt sich Margot. Die Messvorbereitung hat sie wirklich gar nicht stören wollen! Sie ist nur so sehr in Sorge um ihren Sohn gewesen, dass sie alles versucht hat. Margot überlegt, ob Gott so ein Gebet überhaupt will. Doch Jesus sieht das brennende Herz der Mutter.

Ein paar Tage später meldet sich Margot wieder. Sie entschuldigt sich und schreibt: „Für die schnelle Hilfe möchte ich mich sehr herzlich bedanken!" Gott hat verschiedene Wege – für den Sohn von Margot hat er einen ganz besonderen: Nach seinem Erlebnis spricht er mit einem Kollegen, der Moslem ist. Und dieser fragt ihn in einem wunderbaren Gespräch, warum Peter sich nicht mit seinem Glauben auseinandersetze. Woraufhin Peter den festen Entschluss fasst seinen Glauben kennenzulernen. Sofort gibt er seiner Mutter, die sich mit dem Glauben ja gut auskennt, den Auftrag, ihm eine Bibel im Taschenformat zu besorgen.

Peter liest jetzt täglich darin und unterhält sich gerne mit Margot über Glaubensthemen. Inzwischen können sie sogar immer wieder kurz gemeinsam beten. Margot ist sehr dankbar. Manchmal braucht es einen Schock – bei Peter jedenfalls hat er dazu geführt, dass er selbstständig zum Glauben findet, einen persönlichen Zugang zu Jesus bekommt und nach Jahren endlich weiß, dass seine Mutter doch recht hat: Der Glaube ist mehr als bloße Tradition – er ist voller Leben.

4. Gott sei Dank hat er auf den Rat des Priesters gehört

Matthias* ist Anfang 70 und mit Cornelia* glücklich verheiratet. Er ist ein bodenständiger Mann, der gerne unsere Mittagsmesse mitfeiert. Eines Tages ruft er ganz aufgeregt bei uns an, mit der Bitte, Pater Karl in einer dringenden Angelegenheit zu sprechen. Er erzählt ihm ausführlich, dass er während einer Mittagsmesse so etwas wie eine Erscheinung vom Himmel erlebt habe und nun wissen wolle, was das bedeuten könnte. Daraufhin rät ihm Pater Karl, er solle mit dem eigenen Ortspfarrer über seine Erlebnisse sprechen, da er selbst keine Zeit habe.

Das trifft Matthias ein bisschen, er denkt sich dann aber, dass sich sein Pfarrer, der die meiste Zeit allein im Pfarrbüro sitzt, vielleicht über einen Besuch freut. Und er geht, mit einem Glas Honig als Geschenk, zu seinem Pfarrer, von dem er sehr herzlich empfangen wird. Als Matthias jedoch von seinem Erlebnis berichtet, sagt der Pfarrer: „Ja, das ist sehr schön. Aber

kann es sein, dass es mit einem Vitamin- oder Mineralstoffmangel im Blut zusammenhängt? Vielleicht machen Sie sich mal ein Blutbild und dann können wir immer noch darüber reden, ob es wirklich übernatürlich war."

Matthias muss sich zusammenreißen, um ruhig zu bleiben. Er fühlt sich nicht ernst genommen. Recht rasch beendet er das Gespräch und geht nach Hause. Aufgeregt erzählte er alles seiner Frau. Sie sagt darauf nichts und ihr Schweigen macht Matthias nachdenklich.

Am nächsten Tag feiert das ältere Ehepaar wieder die Mittagsmesse mit. Auf einmal hören sie Pater Karl sagen: „Geht zu euren Priestern, aber habt auch Verständnis für sie, versucht mitzuarbeiten und stellt euch nicht quer, die Priester sind Instrumente des Heiligen Geistes!" Da spürt Matthias den Blick seiner Frau und weiß: Ja, da hat Pater Karl recht.

Gleich nach der Messe verkündet er: „So, es kann ja nicht schaden. Ich werde mal ein Blutbild machen lassen." Am nächsten Tag geht er zum Arzt. Und während Matthias gespannt auf seine Ergebnisse wartet, freut er sich auf das nächste Gespräch mit seinem Pfarrer.

Wie groß ist der Schock, als er dann einen Anruf vom Arzt bekommt. Verdacht: Krebs. Weitere Untersuchungen ergeben, dass die Wahrscheinlichkeit von Metastasen sehr hoch ist und der Arzt macht kaum Hoffnung, dass der Tumor gutartig sein könnte. Matthias wird sofort operiert.

Daraufhin wartet er mit seiner Frau sehr entmutigt auf die Ergebnisse. Vor allem machen sich die beiden Gedanken, wo der Krebs schon überall gestreut haben könnte. Da erreicht sie erneut ein ärztlicher Anruf: „Es ist wirklich ein Wunder. Wären Sie zwei Wochen später zur Blutuntersuchung gekommen, hätte der Krebs sicher gestreut. Aber Stand jetzt: Der Tumor war noch ganz jung. Wir konnten alles entfernen. Sie haben keine Metastasen."

Matthias traut seinen Ohren nicht. Er setzt sich zuerst in sein Zimmer und weint und dann kauft er einen riesigen Blumenstrauß und geht zu seinem Pfarrer. Dieser ist vollkommen überrascht, hat er doch gespürt, dass Matthias mit seinem Ratschlag, ein Blutbild machen zu lassen, nicht zufrieden gewesen war. Als er die Geschichte hört, ist er sehr angetan. Und Matthias ist dankbar, dass Gott alles so geführt hat. Er bereut nicht, dass er auf seinen Pfarrer gehört hat, auch wenn es ihm schwergefallen ist.

5. Gott eröffnet Wege für die Firma

Klaus* hat eine kleine Firma. Er könnte schon seit zwei Jahren in Pension sein, doch er will seinen einzigen Sohn Peter noch einschulen, bevor er ihm den Betrieb übergibt. So geht er nach wie vor jeden Tag in den Betrieb und erklärt ihm alles.

Seit einigen Wochen beobachtet Klaus aber, dass Peter immer betrübter wird und überhaupt kein Interesse mehr am Betrieb zeigt. Klaus berichtet: „Ich spürte schon, was abläuft, ich wollte mich aber nicht damit auseinandersetzen. So machte ich stur weiter." Doch dann tut Peter seinem Vater so leid, dass er ihn eines Abends doch fragt, was denn los sei. Er erfährt, dass Peter eigentlich andere Lebenspläne hat. Ihn interessiert der Betrieb gar nicht, er möchte Lehrer werden. Dieser Wunsch ist Klaus nicht unbekannt, denn Peter hat immer schon unterrichten wollen. Der Vater hat sich einfach trotzdem Hoffnung gemacht. Nun muss er sie ganz fallen lassen.

Klaus schreibt uns: „Ich verstehe meinen Sohn. Es ist trotzdem schwer – ich habe meine ganze Energie in unseren Betrieb gesteckt!" Während er überlegt, was er nun tun kann, teilt Klaus seine Bedenken mit seiner Frau, die ihm rät: „Schreib doch erst einmal eine Fürbitte an Missio. Da ist schon so viel Gutes geschehen – warum soll uns nicht geholfen werden?" Als Klaus schweren Herzens bei uns anruft, seine Situation schildert und um eine Fürbitte bittet, fragt ihn eine unserer Mitarbeiterinnen, ob er denn nicht einen Lehrling aufnehmen könne. Daraufhin entgegnet ihr Klaus: „Wer wird denn so was machen wollen? Heute will jeder Karriere und Aufstieg. Und ich habe nur einen kleinen Betrieb. Ich kann nicht viel bieten, zahlen kann ich auch nicht viel. Diese Firma ist einfach immer meine Leidenschaft gewesen." Schließlich stimmt er aber zu, dass wir in der Fürbitte um eine Lösung und auch explizit um einen Lehrling bitten.

Eine Woche, nachdem diese vorgelesen wird, ruft uns Klaus wieder an. Er ist völlig aus dem Häuschen, denn: Ein junger Mann hat sich bei ihm gemeldet! Klaus berichtet: „Ein ruhiger, gewissenhafter Junge, der gerne arbeitet. Natürlich macht man sich Gedanken, wie er wirklich ist. Aber ich denke, in meinem Alter hat man schon ein bisschen Menschenkenntnis. Und es schaut sehr gut aus."

Nun ist ein Jahr vergangen und wir hören wieder von Klaus: „Ich möchte mich von ganzem Herzen bedanken. Als mir damals meine Frau die Fürbitte ans Herz gelegt hat, dachte ich, das sei nur was für Frauen. Doch jetzt weiß ich, es war nicht umsonst. Bernhard ist ein Schatz. Wir haben ein inniges Verhältnis, er ist für mich wie mein eigener Sohn. Er hat erzählt, dass er wegen seiner ruhigen, zurückgezogenen Art in der Schule immer gemobbt wurde – bei uns blüht er dafür richtig auf. Es war wirklich eine Fügung Gottes, dass er zu uns gekommen ist. Nun mache ich mir um meinen Betrieb keine Sorgen mehr. Ich weiß, ich kann ruhig gehen. Mein Sohn ist glücklich in seinem Lehramtsstudium und ich habe noch einen zweiten Sohn dazu bekommen!"

6. Die Befreiung aus einer Sekte

Manfred* ist 40 Jahre alt. Er ist immer schon ein guter Schüler und fleißiger Student gewesen und jetzt ein erfolgreicher Unternehmer. Mit 30 hat Manfred eine Firma gegründet, die ihm Monat für Monat ein gutes Einkommen sichert. Im privaten Bereich ist Manfred aber weniger glücklich. Er hat keine Liebe gefunden, auch richtige Freunde fehlen ihm. Er wirft sich in seine Arbeit, um seine Sehnsüchte zu übertönen, doch es fällt ihm schwer.

Mit 32 lernt Manfred einen Mann kennen, der sich schnell als sein bester Freund ausgibt. Der Mann zeigt ihm eine Welt, die er bis jetzt nicht gekannt hat. Er ist Mitglied einer religiösen Gruppierung, die sich jede

Woche zu einer gemeinsamen Feier trifft. Anfangs kommen Manfred diese Zusammenkünfte seltsam vor. Doch bald empfindet er sich als Teil dieser Gemeinschaft und stellt immer seltener Fragen dazu.

Die Familie von Manfred ist deswegen besorgt. Sein Wunsch, eine eigene Familie zu gründen, wird ihm in der Gemeinschaft ausgeredet. Die Zusammenkünfte werden zum Mittelpunkt seiner Woche. Er ist sogar bereit, wichtige berufliche Termine zu verschieben, um an den Treffen teilzunehmen. Außerdem vermittelt Manfred oft den Eindruck, in einer Parallelwelt zu leben und geistig abwesend zu sein.

Es dauert nur wenige Monate und er beschließt, fast sein gesamtes Vermögen der Gruppierung zu spenden, der er nun angehört. Für sich selbst behält er nur einen Bruchteil seines Einkommens, dieser ermöglicht ihm ein bescheidenes Leben.

Manfreds Familie ist machtlos. Als sie mit ihm sprechen wollen, droht er mit Kontaktabbruch und verbietet, die Gruppierung als „Sekte" zu bezeichnen. Seine Mutter Rosalia* schreibt uns: „Ich sah meinem Sohn in die Augen und auf einmal waren sie mir fremd. Wenn man als Mutter das eigene Kind nicht wiedererkennt, hat man den Eindruck, man hat alles verloren."

Mit dem Beginn der Pandemie im März 2020 ist auch die letzte Hoffnung der Mutter dahin, denn sie kann nicht mehr in die Heilige Messe, wo sie bisher die Sorge um den Sohn immer abgeladen hat. Sie sucht nach Alternativen. Ein anderer Sohn zeigt ihr die Mittagsmesse. Rosalia ist anfangs skeptisch und meint, eine „Messe im Fernseher" störe mehr als sie helfe.

Ihre Meinung ändert sie mit der ersten Gebetserhörung. Als Pater Karl bei einer Heiligen Messe das Bild einer glücklichen jungen Mutter hochhält, kommen Rosalia die Tränen. Sie denkt an ihren eigenen Sohn Manfred. Bald danach beginnt sie, täglich für Manfred bei „Gott kann" zu beten. Inzwischen sind es 5 Jahre, seitdem Manfred der Sekte verfallen ist. Rosalia schreibt auch eine Fürbitte für ihren Sohn. Sie berichtet: „Das mit dem Gesätzchen Rosenkranz war nicht so leicht. Es geschah einfach gar nichts. Die vielen Gebetserhörungen in Ihren „Gott kann"-Briefen irritierten mich. Ich fragte mich, warum darf allen etwas Gutes geschehen, nur mir nicht?"

Und doch: Eines Tages kommt Manfred zum Mittagessen. An sich nichts Ungewöhnliches, denn er pflegt nach wie vor oberflächlichen Kontakt mit der Familie. Doch diesmal sieht die Mutter, dass Manfred betrübt ist. Sie fragt vorsichtig nach. Schritt für Schritt kommen sie ins Gespräch und es stellt sich heraus, dass Manfred beginnt, seine Gruppe zu hinterfragen. Ihm ist bewusst geworden, dass er immer unglücklicher wird. Die Mutter sichert ihm jede Hilfe zu, sollte er die Sekte verlassen wollen.

Ein Jahr später schreibt uns Rosalia: „Seit einer Woche wohnt Manfred bei uns. Es ist nicht leicht, einen 40-jährigen plötzlich wieder zuhause zu haben. Er musste den Wohnort ändern, denn er wurde bedroht, sollte er die Sekte verlassen. Jedes Mal, wenn jetzt bei uns Meinungsunterschiede aufkommen, danke ich Gott, dass sie zumindest zuhause aufkommen und dass Manfred bei uns ist. So schützen wir uns vor Verzweiflung. Wir sind so dankbar, auch wenn vor Manfred noch ein weiter Weg liegt, bis er ganz aufleben kann. Danke für Euer Gebet."

7. Eine Karriere-Frau findet Gott und sich selbst

Christa* ist mittleren Alters. Sie ist Familienmutter und bis vor der Pandemie sehr erfolgreich berufstätig. In ihrem Umfeld gilt sie als das Vorbild einer modernen Frau, die die Mutterrolle perfekt mit ihrem raschen beruflichen Aufstieg kombinieren kann. Alle bewundern sie. In ihrer Großfamilie ist sie auch die einzige, die eine wirkliche „Karriere" geschafft hat.

Das ändert sich im März 2020 sehr schnell. Die Firma, für die Christa tätig ist, geht pleite. Nicht einmal eine würdige Entschädigung bekommt sie. Zuerst ist sie wütend und enttäuscht. Da sie aber auch immer schon sehr eifrig und ambitioniert ist, beginnt sie direkt, nach einer neuen Stelle zu suchen. Christa und ihre Familie erwarten, dass sie mit ihrer Erfahrung problemlos einen Job bekommt. Sie täuschen sich. Christa schickt ihre Unterlagen ständig an neue Unternehmen und alle antworten ihr, dass sie selbst kurz vor dem Konkurs stünden und auf gar keinen Fall jemand aufnehmen würden. Die Firmen, die tatsächlich jemanden suchen, wollen jüngere Mitarbeiter. Christa ärgert sich maßlos. Und fühlt sich auch vor ihrer Familie bloßgestellt. Psychisch belastet es sie unglaublich, dass sie nicht mehr die erfolgreiche Business-Woman sein kann.

Nach einem halben Jahr entdeckt sie durch eine Nichte die Mittagsmesse. Sie erzählt: „Ich war schon länger nicht mehr in der Kirche. Aber dann hat

mich eure Lebendigkeit angezogen. Ich habe hin und wieder zugeschaut und gemerkt, dass sich langsam meine Gesinnung ändert. Ich habe eine Fürbitte um eine gute Stelle geschrieben. Die Fürbitte wurde vorgelesen, und gleichzeitig habe ich immer tiefer erkannt, dass die Arbeit nicht das Wichtigste ist."

Christa verschickt dann auch weiter Bewerbungen. Aber ihr Fokus verändert sich. Sie beginnt sich weiterzubilden, mit ihren Kindern Zeit zu verbringen und einfach den Tag zu nutzen, anstatt sich zu ärgern.

Jetzt hat sich Christa wieder bei uns gemeldet: „Ich muss Ihnen etwas mitteilen. Ich habe eine Arbeit gefunden – oder besser gesagt, sie hat mich gefunden. Meinen Lebenslauf habe ich über 200 Mal an verschiedene ausgeschriebene Stellen verschickt. Nichts ist geschehen. Gestern klingelt auf einmal mein Handy. Es ist jemand von einer Firma, bei der ich mich gar nicht beworben habe! Er hat mich über eine Ausbildung gefunden, die ich gemacht habe, während ich auf Arbeitssuche war. Ich habe eine Anstellung bekommen, die besser ist als alles, wofür ich mich beworben habe. Ich bin so dankbar! Ich habe aber auch gemerkt, wie gut mir die Zeit ohne Arbeit getan hat: Ich habe viel Zeit mit meinen Kindern verbracht und wir haben es sehr genossen! Ich habe mich weitergebildet. Ich habe Jesus und seine

Kirche neu entdeckt und begonnen, die Bibel zu lesen und zu betrachten. Ich habe mich selbst hinterfragen können und musste nicht die „Superfrau" vor meiner Familie spielen, ich war einfach ich selbst. Heute kann ich sagen: Nicht nur die Arbeit ist ein Geschenk von Gott. Auch die Zeit ohne Arbeit ist mir und meiner Familie geschenkt worden. Und die hätte ich ohne die Mittagsmesse nie so gut geschafft. Danke, Jesus!"

8. Der Sohn wird vom Gefängnis ins Leben geführt

Magdalena* hat einen Sohn Martin, den sie sehr liebt. Wie jede Mutter will sie nur das Beste für ihn. Eines Tages zieht es Magdalena den Boden unter den Füßen weg. Sie erfährt, dass Martin wegen eines Drogendeliktes ins Gefängnis muss. Magdalena weiß nicht mehr weiter. Obwohl sie selbst krank ist und noch viele andere Probleme hat, ist auf einmal alles andere nicht mehr wichtig. Sie sitzt im Garten – unfähig etwas zu tun oder klar zu denken. Was wird jetzt aus Martin? Kommt er heil heraus? Wird er dann noch schlimmer? Und gleichzeitig kann sie es auch einfach immer noch nicht glauben, dass er mit Drogen handelt!

Auch in den Monaten nach der Verhaftung kann sich Magdalena nicht beruhigen. Sie redet mit einem Freund, der auch Christ ist, über ihre Zweifel und Ängste. Dieser gibt ihr den Rat: „Jetzt brauchst du Gebet!" Daraufhin beginnt Magdalena täglich mehrmals für ihren Sohn zu beten, und bittet auch alle ihre Freunde ums Gebet. In ihrer Familie ist Magdalena fast die einzige, die auf Gott vertraut. So oft sie kann, feiert sie die Mittagsmesse mit. Eines Tages fragt Pater Karl bei der Predigt in die Kamera, ob wir denn glauben, dass Jesus auch heute Wunder tue? Und er fordert die Menschen auf, darum auch zu bitten! Das ermutigt Magdalena sehr und sie schreibt direkt eine Fürbitte an Missio: „Bitte, Jesus, führ meinen Sohn Martin zum Leben, denn jetzt ist er tot." Auch Schwester Johanna bittet sie ums Gebet.

Ein paar Wochen später kommt Magdalenas Sohn aus dem Gefängnis. Seine größte Sorge, ob er danach überhaupt eine Chance habe, eine Anstellung zu bekommen, löst sich schnell in Luft auf – es ist kein Problem! Er bekommt sofort eine Arbeit. Für Magdalena ist diese Anstellung das erste Wunder, um das sie gebetet hat. Ihr Sohn kehrt wieder zum Leben zurück.

Martin entfaltet sich gut in der Arbeit und schon nach kurzer Zeit merkt Magdalena, dass er tatsächlich auflebt. Sie schreibt: „Jetzt ist mein Sohn wieder lebendig. Gott sei Dank. Danke für jedes Gebet!"

9. „Lockdown dank Mittagsmesse überstanden"

Marcel kommt aus Tirol. Er hat vor kurzem geheiratet und ist sehr beschäftigt. Marcel arbeitet viel und gerne. Deshalb ist jeder Lockdown für ihn besonders schwer, vor allem, wenn er in Quarantäne muss.

Er schreibt uns: „Da ich jetzt zum zweiten Mal in der Pandemie in Quarantäne bin (im Frühjahr 2020 alleine, jetzt nach unserer Hochzeit mit meiner Frau) habe ich die tägliche Mittagsmesse lieben gelernt. Sie hilft uns, diese schwere Zeit zu überstehen und gibt unserem endlosen Tag ein wenig Struktur. Da ich es ansonsten gewöhnt bin, 10-12 Stunden am Tag zu arbeiten, ist die erzwungene Untätigkeit für mich sehr schwer … Der Höhepunkt des Tages aber ist ganz klar immer die Mittagsmesse aus der Licht-der-Völker-Kapelle."

10. Als mein Bruder sich das Leben nehmen wollte ...

Katharina* ist mittleren Alters und wohnt in Niederösterreich. Eines Tages wird sie von einer tragischen Nachricht überrascht: Ihr Bruder, Hans*, hat Gift genommen, um sich das Leben zu nehmen. Es wäre genug gewesen, um aus dem Leben zu scheiden, doch durch einen „Zufall" wird er von seinem Mitbewohner entdeckt und gerettet. Anfangs ist nicht sicher, ob er überleben wird. Im Krankenhaus stellt sich heraus, dass die Lage mehr als kritisch ist. Hans liegt mit akuten Nierenversagen und Zeichen einer ausgeprägten diffusen Hirnschwellung im Koma und muss künstlich beatmet werden. Der Familie wird gesagt, dass sie sich auf das Schlimmste einstellen soll.

Doch Katharina gibt nicht auf. Die schlimme Lage, in die ihr Bruder durch seine eigene Schuld geraten ist, nimmt sie zum Anlass, noch intensiver für ihn zu beten und viele weitere Menschen ums Gebet zu bitten. Auch an Missio schickt sie eine Fürbitte: Für ihren Bruder und alle, die ihn auf der Intensivstation betreuen. Katharina ist sehr erleichtert, als sie ihr Gebet in der Messe hört und weiß: Gott kann das Gebet so vieler Menschen nicht vergessen. Wenn so viele für ihren Bruder beten, wird er nicht sterben. Gott kann.

Zunächst tut sich jedoch nichts. Kein Arzt weiß, ob Hans jemals wieder aufwachen wird und wenn – ob er dann sein Leben lang ans Bett gebunden und auf Pflege angewiesen ist. Katharina spürt aber tief im Herzen, dass die Geschichte einen guten Ausgang haben und ihr Bruder zum Leben zurückkehren werde.

Und tatsächlich Jesus hat einen Plan, um Hans zu retten: Er bekommt die Krankensalbung und das Sakrament wird für ihn zum spürbaren Wendepunkt. Kurz danach wird Hans wach und ist ansprechbar. Schon einige Tage später kann er das Krankenhaus verlassen. Jetzt ist er zuhause und es geht ihm gut.

Katharina schreibt: Auch heute geschehen noch Wunder! Dafür will ich den Herrn preisen und Ihm aus ganzem Herzen danken! Bitte Jesus, sorge weiterhin für meinen Bruder! Danke allen für das Gebet. Danke, Jesus.

11. Physiotherapie mit außergewöhnlichem Erfolg

Roman* ist Physiotherapeut in einer kleinen Ortschaft in Niederösterreich. Täglich behandelt er viele Patienten. Die meisten unterhalten sich mit ihm über ganz verschiedene Themen. Roman möchte nicht, dass sie den Eindruck bekommen, er will sie bekehren, aber er erzählt auch gern von seinem Glauben und gibt oft Zeugnis von seiner Bekehrung und seinem Leben als Christ. Da die meisten Therapien mehrere Wochen dauern, entstehen oft gute Gespräche und eine Vertrauensbasis. Roman fragt nie nach Religion oder Konfession, er versucht einfach authentisch seinen katholischen Glauben zu bezeugen, was bisher nie zu Problemen geführt hat.

Roman ist durch die Mittagsmesse mit Missio verbunden. Soweit es ihm möglich ist, feiert er sie direkt mit – oder holt es am Abend nach. Auch das versucht er in die Gespräche einzubringen. Mal erzählt er seinen Patienten von einer Predigt, mal von einem der Projekte.

Unter den Patienten von Roman gibt es auch einen älteren Herrn. Roman kann dessen religiöse Einstellung nicht einschätzen, doch drängt es ihn innerlich, diesem Mann von Missio zu erzählen und ihm eine Ausgabe des Magazins „allewelt" zu geben. Der Mann nimmt die Zeitschrift etwas erstaunt mit. In den folgenden Einheiten kommt dies nicht mehr zur Sprache. Roman will sich nicht aufdrängen und fragt auch nicht nach.

Dann ist die Therapieserie für den älteren Herrn beendet. Als Roman ihm die Rechnung überreicht, zieht er auf einmal einen größeren Geldbetrag aus der Tasche. Er erklärt: „Und das überweisen Sie bitte an Missio – von mir, anonym." Roman ist voller Freude und überweist sofort das Geld. Ihm wird klar: Wir können Menschen nicht bekehren. Aber wir können unseren Beitrag dazu leisten, dass die Gnade Gottes wirken kann. Danke, Jesus.

12. Die Kleptomanie besiegt

Lydia* ist 68 Jahre alt und kommt aus Oberösterreich. Sie ist gläubig, betet regelmäßig und engagiert sich in ihrer Pfarre. Sie bemüht sich sehr um ein gutes Leben. Trotz all dem hat sie aufgrund ihrer schwierigen Kindheit eine Neigung entwickelt, die sie schlecht unter Kontrolle bekommt: jedes Mal, wenn sie in einem Geschäft ist, hat sie sehr starke Versuchungen zu stehlen.

Jahrelang versucht Lydia dagegen anzukämpfen, doch es scheint hoffnungslos. Manchmal gelingt es ihr, nichts mitzunehmen, manchmal ist die Versuchung so stark, dass sie doch etwas stiehlt. Zuhause redete sich

Lydia dann ein, es wäre gar nicht ihre Schuld, sie kann ja gar nichts dagegen tun. Doch im tiefsten Herzen ist sie über ihre vielen Diebstähle traurig und ratlos. Lydia beichtet regelmäßig, kann sich aber nicht überwinden, auch diese Sünde mit in die Beichte hineinzunehmen. Sie schreibt: „Immer wenn es so weit war, dachte ich mir, du kannst doch nichts dafür, dass du so erzogen wurdest!" So hat sie es nie hinbekommen, ihr Problem auszusprechen.

Immer wieder schaut Lydia Teile der Mittagsmesse, vor allem die Predigt und die missionarische Verkündigung. Einmal erzählt Pater Karl darin über Mess-Stipendien. Das trifft sie: „Eigentlich hatte das gar nichts mit meiner Situation zu tun. Mir wurde trotzdem aber augenblicklich bewusst, dass die Priester etwas können, was ich selbst nicht kann."

Lydia beschließt, ihre über lange Zeit geheim gehaltene Sünde zu beichten. Mit dieser Absicht geht sie zur Beichte. Natürlich fürchtet sich Lydia sehr und es ist ihr furchtbar peinlich. Sie geht in eine Kirche, in der sie total unbekannt ist und beichtet, dass sie jahrelang gestohlen hat und auch, dass sie es noch nie gebeichtet hat. Lydia hat den Eindruck, dass eine riesige Last von ihr abfällt. Über das Verhalten des Priesters ist sie mehr als erstaunt: Er sagt ihr, er würde beten, dass sie nie mehr im Leben stehlen müsste, dass sie nicht innerlich dazu gedrängt würde und dass der Hang dazu verschwinde. Sie befinden sich in einem offenen Beichtzimmer – auf einmal steht der Priester auf, breitet über ihr Hände aus und betet still.

Sie berichtete: „Ich weiß nicht, was er gebetet hat, aber ich habe mich so frei gefühlt wie noch nie. Ich bin von der Beichte als neuer Mensch weggegangen. Ich konnte mit meiner Vergangenheit abschließen. Meine Sucht zu stehlen ist seit einem halben Jahr Geschichte." Lydia ist so dankbar, dass sie einen Baustein für das Sankt-Karl-Borromäus-Krankenhaus spendet. Und sie betet jeden Tag für alle, die mit einem ähnlichen Problem zu kämpfen haben, dass auch ihnen die Gnade geschenkt wird, damit aufzuhören.

13. „Wir sind Tausende und tragen uns gegenseitig"

Waltraud ist 82 Jahre alt und wohnt bei Salzburg. Jahrelang ist sie in der Kirche aktiv gewesen, doch jetzt kann sie ihren Dienst aus gesundheitlichen Gründen nicht mehr wahrnehmen. Waltraud hat viele Gebrechen, doch sie schreibt: „Die Mittagsmesse gibt mir Kraft. Einer so großen Gebetsgemeinschaft kann Gott keine Bitte abschlagen – und so hoffe ich, dass auch meine Kinder noch zu Jesus und seiner Kirche finden. In diesem Anliegen opfere ich meine Leiden auf und bin jeden Tag bei der Mittagsmesse dabei – einfach um mit anderen zu beten. Es sind ja Tausende. Ich habe das Gefühl, wir tragen uns gegenseitig. Wir sind eine Gemeinschaft."

14. „Ich kann meine Sorgen und Nöte auf den Altar legen"

Aus Norddeutschland feiert Angela mit uns. Als wir laut überlegen, ob wir die Mittagsmesse einstellen, ist sie eine der Ersten, die uns noch in gleicher Minute eine E-Mail schreibt. Darin berichtete uns Angela: „Ich bin ein lebendiger Beweis dafür, dass die Messe um 12 Uhr eine große Kraftquelle ist. Ich nehme, so gut es geht, regelmäßig teil, und feiere von Herzen mit. Die schlichte Art der Feier, die sehr persönlichen und ehrlichen Ansprachen, die schöne Gestaltung mit Musik, die Möglichkeiten der eigenen Fürbitten und das Tragen und Mitgetragenwerden im Gebet durch andere gläubige Menschen bedeuten mir so viel.

Hätte ich die Mittagsmesse nicht gefunden, bzw. sie mich gefunden, weiß ich nicht, ob mein Glaube und meine Hoffnung in meinen persönlichen großen Sorgen so stark und zuversichtlich geworden wären, wie sie es jetzt sind. Jeden Tag kann ich meine Sorgen und Nöte (meist wegen meiner Kinder und Enkelkinder und „meiner" Menschen, für die ich mich sonst noch so einsetze) auf den Altar legen. Das geht so nicht in meiner Gemeinde zuhause, trotzdem gehe ich auch in unserer Kirche in die Messe. Jedenfalls ist die Mittagsmesse von Missio für mich ein riesiger Segen und gibt mir so viel Kraft. Ich bete um viel Kraft für Euch alle – damit es weitergeht!"

15. „Ich stelle mir Fragen – und bekomme endlich Antworten"

Thomas wohnt in einer kleinen Ortschaft in Rheinland-Pfalz (Deutschland), ist 53 Jahre alt und berufstätig. Als die Pandemie ausbricht, entdeckt Thomas in sich eine Sehnsucht nach Spiritualität und Innerlichkeit.

Er schreibt uns rückblickend über diese Zeit: „Als vor zwei Jahren die Pandemie begonnen hat und sogar die Kirchen geschlossen waren – und zunächst keine, später eingeschränkt, Messen in unserer Gegend gefeiert wurden – bin ich in meinem Urlaub durch Zufall auf die Messe bei K-TV

gestoßen. Gerade in der schweren Zeit der Pandemie war sie ein großer Lichtblick für mich, weil die Sehnsucht nach Glauben, Gebet, Trost und Spiritualität bei mir da sehr groß war. Man braucht etwas, woran man sich festhalten kann. (…) Nach dem Urlaub habe ich dann oft in der Mittagspause auf dem Handy die Mittagsmesse weiter mitverfolgt – sogar in der Firma. Danach gab es die Home-Office-Pflicht. Auch hier habe ich der Mittagsmesse immer – sofern möglich – zumindest nebenbei zugehört.

Es trifft sich gut, dass sie zu einer Zeit läuft, in der man normalerweise in der Mittagspause ist. Das spart auch Ärger mit dem Arbeitgeber. Ich habe durch Sie wieder näher zum Glauben und zu Jesus gefunden. Durch die Teilnahme an der Mittagsmesse habe ich mich sehr viel mehr mit Gott und dem Glauben beschäftigt. Ich habe auch wieder Sehnsucht nach der Messe in unserer Pfarrei bekommen. Seither nehme ich auch dort wieder mindestens zwei Mal pro Woche, teilweise auch dreimal, am Gottesdienst teil, obwohl ich hierfür immer in die verschiedenen Orte der Umgebung fahren muss. Durch die Mittagsmesse habe ich wieder Freude an der Eucharistie gefunden, ich habe endlich verstanden, was bei einer Heiligen Messe wirklich passiert und es ist immer ein Highlight an einer teilzunehmen. An den anderen Tagen versuche ich, wann immer es geht, die Mittagsmesse mitzufeiern. Selbst am Samstag ist es mir wichtig genug! Kurz: Es ist zu einem wichtigen Punkt in meinem Leben geworden.

Es macht mir große Freude, mit Ihnen zu feiern, zu beten und die Nähe des Herrn zu spüren. Seitdem stelle ich mir Fragen und bekomme Antworten, die ich ohne diese Messen nie gehabt hätte. Ich kann Ihnen und Jesus eigentlich nur danken!

16. „Mein drogensüchtiger Sohn wurde clean"

Claudia* ist nach dem Tod ihres Mannes, mit dem sie Kinder hat, sehr unsicher, ob sie noch ein zweites Mal heiraten soll. Schließlich wagt sie diesen Schritt. Nach ein paar Jahren bekommen sie und ihr zweiter Ehemann noch einen Sohn.

Mit 18 ist dieser vom rechten Weg abgekommen. Er beginnt gelegentlich in großen Mengen zu trinken und auch Drogen zu nehmen. Claudia gibt sich selbst die Schuld dafür. Die Wunden der Vergangenheit brechen wieder auf und sie fragt sich nach fast 20 Ehejahren wiederholt, ob es denn richtig gewesen ist, dass sie damals noch einmal geheiratet hat. Sowohl die immer schlechtere Verfassung des Sohnes als auch die Bedenken der

Mutter wirken sich auf die Atmosphäre zuhause sehr negativ aus. Bald kann die Familie überhaupt nicht mehr miteinander sprechen.

Claudia schaut in dieser Zeit am Abend allein die Mittagsmesse. Ihre Familie lebt nicht religiös. Ihr Mann akzeptiert ihren Glauben, ist selbst aber nicht an der Messe interessiert. Als die Situation immer schwieriger wird, kommt er dennoch einmal dazu. Er sieht sie an und sagt: „Wie kannst du überhaupt noch so ruhig mit deinem Herrgott sprechen?" Dann geht er weg. Claudia ist empört über die Aussage. Sie sieht sich als Märtyrerin in der eigenen Familie. Doch die Worte ihres Ehemannes bleiben ihr im Kopf – sie kann sie nicht vergessen, wie sehr sie es auch will.

Kurz darauf wird der Sohn von der Polizei abgeholt. Für Claudia ein Schockerlebnis! Zum ersten Mal sieht sie: So kann es wirklich nicht weitergehen. Sie muss neu anfangen. Als sie am Abend wieder die Heilige Messe mitfeiert, sagte sie Jesus im Herzen: „Mein Mann hat recht. Wie kann ich nur mit Dir sprechen, ohne dass ich mich für meine Familie einsetze? Unser Sohn geht zugrunde, mein Mann spricht nicht mehr mit mir – und ich weiß nicht, wie es weitergehen soll." Es scheint Claudia, als habe sie ihre Chance vertan, die Familie noch zu retten. Während sie denkt, „jetzt ist alles zu spät", begrüßt Pater Karl Schwester Johanna in der Mittagsmesse und Claudia erinnert sich, dass es im Zusammenhang mit Schwester Johanna mal eine Gebetserhörung gegeben hat. Sie spürt auf einmal: Allein schafft sie die Situation wirklich nicht mehr. Aber mit den Gebeten von vielen anderen könnte sie es vielleicht schaffen, ihre Familie zu retten. Sie schickt eine Fürbitte an Missio und bittet auch Schwester Johanna um ihr Gebet.

Schon ein paar Wochen danach ergibt sich eine Gelegenheit, mit ihrem Mann und ihrem Sohn zu sprechen. Bei dem Gespräch weinen alle drei, so groß ist ihre Sehnsucht nach einem normalen Gespräch. Der Sohn verspricht, keine Drogen mehr zu nehmen. Claudia glaubt das zwar noch nicht ganz, aber sie ist stolz auf seinen Entschluss. Im Gespräch gibt sie auch ihrem Mann recht, sie kann nicht die Mittagsmesse anschauen und sich gleichzeitig dermaßen von ihrer Familie isolieren. Sie muss bei sich selbst anfangen. Das Gespräch findet im September 2020 statt. Claudia schreibt uns erst viele Monate später, weil sie das Wunder abwarten will und lange nicht an den Wandel glauben kann. Doch seit September 2020 ist ihr Sohn durchgehend clean. Er bricht alle Kontakte ab, die einen schlechten Einfluss auf ihn haben und wird in einem Sozialprojekt gut untergebracht. Claudia teilt ihre Freizeit jetzt auf – manchmal feiert sie die Mittagsmesse mit und manchmal reserviert sie den Abend für ihren Ehemann. Sie schreibt:

„Danke! (…) Ihre Fürbitte, das Gebet von Schwester Johanna, Ihre stärkenden E-Mails und die klaren Worte von Pater Karl brachten wieder Normalität in unsere Familie. Ich kann es immer noch nicht glauben, aber, für Gott ist nichts unmöglich! Gott kann."

17. „Ihr Leben hing an einem seidenen Faden …"

Matthias* ist 35 Jahre alt und feiert die Mittagsmesse bei Missio seit etwa 2 Jahren regelmäßig mit. Er hat eine um ein Jahr ältere Schwester namens Simone*. Simone muss operiert werden. An einem Freitag soll ein Myom entfernt werden. Aus medizinischer Sicht ein Routineeingriff, der in der Regel ohne Komplikationen verläuft. Dennoch betet Matthias für seine Schwester und ihre Operation.

Am Donnerstagabend, dem Abend vor der OP, ist Matthias auf einmal unerklärlich nervös und zunehmend beunruhigt. Er kann seine Stimmung nicht einordnen, hat er doch einen guten Tag hinter sich. Matthias bekommt den Eindruck, er soll eine Fürbitte für seine Schwester schreiben. Und obwohl es nur eine kleine Fürbitte ist, kämpft Matthias innerlich mit sich. Er denkt: „Bringt das überhaupt etwas? Die OP ist ja in der Früh, die Mittagsmesse erst um zwölf. Morgen ist ja Seelenmesse, es wird sowieso keine Fürbitte vorgelesen und die OP ist ja nur ein Routine-Eingriff." Der innere Impuls aber, auch andere ums Gebet zu bitten, lässt nicht nach. Schließlich trifft Matthias also die Entscheidung, doch für seine Schwester eine Fürbitte zu schreiben.

Die Fürbitte wird in der Mittagsmesse am Freitag, einer Seelenmesse, vorgelesen. Die Operation verläuft unkompliziert und danach schreibt Simone Matthias eine kurze Nachricht, dass es ihr gut gehe. Sie fühle sich lediglich schwach. Matthias fasst diese Nachricht – ähnlich wie alle Ärzte – positiv auf. Nach der Narkose ist es ja normal, dass man nicht gleich fit ist. Dennoch fastet Michael den ganzen Abend – mit dem Anliegen, dass alles gut ausgeht und seine Schwester wieder glücklich nach Hause kehrt.

Erst später erfährt Michael, was an diesem Abend geschieht: Simone fühlt sich zunehmend schwach. Schließlich wird ihr Blutdruck gemessen – er liegt bei 50/35 (der normale Wert liegt bei 130/80). Die Krankenschwester lässt den Arzt holen. Die Untersuchung ergibt, dass es bei Simone zu inneren Blutungen gekommen ist. Sie hört den Mediziner rufen: „Sofort eine Not-OP, wir dürfen keine Sekunde länger warten!" Michaels Schwester wird in der allerletzten Sekunde gerettet. Die Komplikationen, die bei weniger als 1% aller derartigen Operationen auftreten, haben Simone getroffen.

Im Nachhinein erklärt der Arzt, dass ihr Leben am seidenen Faden gehangen habe. Michael schreibt uns: „So glaube ich, dass die Fürbitte und das Gebet vieler Menschen für die Rettung meiner Schwester ganz entscheidend gewesen sind. Gott hat rechtzeitig in die Situation eingegriffen. Hätten meine Schwester, die Krankenschwester oder der Arzt ein paar Sekunden länger gewartet, hätte ich Simone in dieser Welt nie mehr gesehen. Für mich hat diese Situation gezeigt, dass selbst, wenn der Faden, an dem wir hängen, einmal sehr dünn sein sollte, es immer noch der allmächtige Gott ist, der ihn hält. Ihm sei Dank."

18. „Erst jetzt lebe ich wirklich!"

Silvia* ist 70 und wohnt in einer kleinen Ortschaft in Bayern. Sie ist in einer gläubigen Familie aufgewachsen, und versucht auch, den Glauben an ihre eigenen Kinder zu vermitteln. „Kurz gesagt, war ich nie ein ungläubiger Mensch", schreibt sie. Obwohl Silvia und ihre Familie jeden Sonntag in der Kirche sind, spielt der gelebte Glaube in ihrem Leben eine immer geringere Rolle. Silvia findet den Glauben selbstverständlich, macht sich aber nie Gedanken darüber, wie er sich tatsächlich im Leben auswirken kann. Auch die Zeit zum Gebet fehlt ihr eigentlich immer. Dennoch bedeuten ihr der sonntägliche Kirchgang und die christliche Prägung ihrer Familie viel.

Silvia fehlt die Kirche während der Pandemie deshalb. So kommt sie auf Missio Österreich. Die Mittagsmesse gefällt ihr gut und sie feiert immer öfter mit uns – nicht nur am Sonntag. Besonders die Predigten bereichern ihr geistliches Leben. Nach und nach kommt Silvia darauf, wie sehr sie sich ihren Glauben selbst zusammengestrickt hat. Sie schreibt: „Bei der Beichte bin ich schon 35 Jahre nicht mehr gewesen und auch das Gebet habe ich auf die leichte Schulter genommen." Bald merkt sie: So geht es nicht weiter. Etwas muss sich ändern. Silvia beginnt mit dem täglichen Gebet. Und obwohl es nicht immer klappt, sie sich nicht immer konzentrieren kann und die Gedanken beim Beten oft abschweifen, gibt sie nicht auf.

Bald merkt sie, wie viel Kraft sie dadurch bekommt. Sie schreibt: „Ohne zumindest ein Gesätzchen Rosenkranz fühlt sich der Tag irgendwie leer an – hätte ich nie gedacht!" Nun nimmt sich Silvia vor, auch eine Beichte abzulegen. Nach 35 Jahren ist das gar nicht leicht. Doch, das Verlangen, ihr Leben ganz mit Gott zu leben und nicht nur „so zu tun, als ob" ist stark. Silvia schreibt uns: „Das Leben fühlt sich anders an. Jetzt kann ich sagen, ich lebe wirklich. Ohne die Mittagsmesse, ohne die Glaubensinformation, die ich bei Ihnen erhalten habe, ohne die Gemeinschaft und die kleinen Aufgaben, die wir immer wieder bei der Predigt bekommen, wäre ich nie draufgekommen, dass ich mir meine eigene Religion zusammenbastle. Jetzt kann ich wirklich sagen, ich bin gläubig – auch wenn mir noch viel zur Heiligkeit fehlt. Ich gehe auch regelmäßig beichten – nicht nur alle 35 Jahre! Danke, dass sie auch den Schafen nachlaufen, die gar nicht wissen, dass sie sich verirrt haben. Danke, Jesus!"

19. Endlich die richtige Diagnose!

Anton* ist 73 Jahre alt und kommt aus Südtirol. Er ist verwitwet und hat 2 Töchter. Beide sind glücklich verheiratet und haben auch schon eigene Kinder.

Eines Tages läutet bei Anton das Telefon. Es ist seine jüngere Tochter Anna, Mutter von zwei Kindern im Alter von 9 und 11 Jahren. Sie klagt über ständige Kopfschmerzen, die ihr keine Ruhe lassen. Sie schläft nur noch 3-4 Stunden in der Nacht und ist psychisch und physisch am Ende ihrer Kräfte. Sie hat bis dahin die Familie mit ihrem Problem nicht belasten wollen, doch jetzt ist ihr alles zu viel. Von der Arbeit hat sie sich krankschreiben lassen. Mittlerweile hat sie mehrere Ärzte aufgesucht, doch niemand kann ihr helfen, da die Ursache nicht klar ist. Anton machte sich große Sorgen. Er sichert der Tochter Unterstützung zu und erklärt sich bereit, die fast 100 Kilometer auf sich zu nehmen, um auf die Kinder aufzupassen – doch mehr kann er auch nicht tun. Als Anton am Abend über das Gespräch mit Anna noch einmal nachdenkt, kommt ihm ein Gedanke: Doch, er kann noch etwas tun! Er kann eine Fürbitte an Missio schreiben. Immer wieder hört er ja, dass auch anderen dadurch geholfen wird. Also setzt er sich hin und schreibt direkt ein E-Mail. Anton schreibt grundsätzlich selten

E-Mails, aber nach mehreren Versuchen gelingt es ihm, seine Fürbitte auch tatsächlich zu verschicken.

Am nächsten Tag ruft er Anna an, um zu berichten: Es würden hunderte, ja tausend Menschen für sie beten! Die Tochter ist skeptisch, doch sie verspricht, sich die Messe anzuschauen und mitzubeten. Als seine Fürbitte vorgetragen wird, hat Anton Tränen in den Augen und ist sicher: Jetzt dauert es nicht mehr lang, bis die Ursache gefunden wird! Ein paar Tage darauf ruft Anna wieder an. Sie erklärt, bei der jährlichen Vorsorgeuntersuchung sei etwas entdeckt worden, was eine mögliche Ursache der Schmerzen sein könne. Sie traue sich noch nicht, sich zu freuen, aber es gäbe zumindest Hoffnung. In kürzester Zeit wird die Diagnose bestätigt. Die Schmerzen sind durch Rückenprobleme bedingt. Kurz darauf wird eine unkomplizierte Operation durchgeführt. Weniger als drei Wochen nach der Fürbitte kann Anna wieder arbeiten.

Anton berichtet: „Ich glaube, die Kopfschmerzen waren auch ein Trick vom lieben Gott, um die Familie wieder in die Kirche zu führen. Meine Tochter hat fast etwas Angst gekriegt, denn es war wirklich eigenartig, dass ihr gleich nach der Fürbitte die Hoffnung gegeben wurde und dass sie jetzt vollkommen geheilt ist. In der Coronakrise hat sie aufgehört, in die Kirche zu gehen. Es war der ganzen Familie einfach zu viel mit den vielen Maßnahmen und wenn man keinen lebendigen Gottesbezug hat, verliert man dabei schnell den Glauben. Aber seit dieser Begebenheit beginnt die Familie wieder in den sonntäglichen Gottesdienst zu gehen. Es ist ein kleiner Schritt, aber ich hoffe, dass damit etwas Größeres beginnt. Danke allen für das Gebet. Danke, Jesus!"

20. „Ich war zur Sterbehilfe angemeldet"

Heinrich* ist 60 Jahre verheiratet und liebt seine Frau über alles. Gemeinsam verfolgen sie jeden Tag die Mittagsmesse, die fester Bestandteil ihres Tagesablaufs ist. Sie feiern dort auch ihre diamantene Hochzeit. Beide sind tiefgläubige Menschen, aber Heinrich weiß immer schon, dass er sein Leben direkt nach dem Tod seiner Frau beenden will, sollte sie vor ihm sterben.

Als seine Frau im März 2022 stirbt, steht die Entscheidung für ihn fest. Auch er will sterben. Er nimmt sich Zeit, um möglichst viel zu erledigen,

Erbschaftsangelegenheiten zu regeln und die Kinder zu entlasten. Ende Mai beginnt Heinrich dann, sich auf seinen eigenen Tod vorzubereiten: Er schreibt Briefe an Familie und Freunde und räumt das Haus. Auch in der Zeit feiert er täglich die Mittagsmesse mit. Dabei sagt er sich im Herzen: „Lieber Gott, Du wirst meinen Entschluss verstehen. Ohne meine Frau will ich nicht mehr leben und das war immer schon so". Ende Juni meldet sich Heinrich zur Sterbehilfe an. Diese wird auf Ende Juli angesetzt. Heinrich schreibt uns: „Es war ein komisches Gefühl, das eigene Sterbedatum so genau zu wissen. Ich habe mich auch gefragt, ob meiner Frau das wohl gefallen würde. Aber wir haben oft darüber gesprochen, als sie noch lebte, und auch meine Kinder waren einverstanden. Ich dachte, mich würde niemand vermissen".

Bis Heinrich bei einer Mittagsmesse eine Predigt hört, die ihm zu denken gibt. Ein junger Priester predigt, dass wir dann lebendig seien, wenn wir uns an Jesus hielten. Unser Leben bringe Frucht, wenn Jesus durch uns wirke. Heinrich sieht diese Worte durch die Mitarbeiter von Missio bestätigt. Er schreibt uns: „Eure strahlenden Gesichter, eure Treue und die Freude der jungen Priester, die täglich für uns da sind, haben mich von meiner Euthanasie letzten Endes abgehalten. Ich habe den Termin abgesagt. Ich habe verstanden, jeder darf etwas schenken – ob Arbeit, Gebet oder das einfache Dasein. Mein Gebet hilft auch meiner verstorbenen Frau mehr, als wenn ich selbst aus diesem Leben flüchte. Danke an Missio Österreich! Ihr rettet Leben, auch wenn es nur ein alter, 82-jähriger Mann ist wie ich. Ich brauche Eure Gebetsgemeinschaft. Ich möchte mich auch zu „Gott kann" anmelden, vielleicht kann ich mit meinem Gebet auch noch jemanden retten."

21. „Die Mittagsmesse ist mein Training für die Messen im Ort"

Marlene ist schon lang von der Kirche frustriert. Sie kann sich in der kirchlichen Realität nicht mehr wiederfinden, alles erscheint ihr fremd. Das ändert sich rasch mit Beginn der Corona-Pandemie. Als sie nicht mehr in die Kirche gehen darf, fehlt etwas in ihrem Leben. Marlene schreibt uns: „Ich habe gesehen: Enttäuschungen und Frust gibt es doch an allen Ecken und Enden, nicht nur in der Kirche. Was wir brauchen, ist eine Pastoral der Freude, wie Ihr es bei Missio macht. Ich habe gemerkt, dass ich die Mittagsmesse brauche – nicht damit ich den normalen Gottesdienst dadurch ersetze, sondern damit ich fähig werde, am Sonntag in die Kirche zu gehen und die Messe wirklich mitzufeiern. Die Mittagsmesse ist für mich wie das Training vor der Messe im Ort. Dadurch bin ich darauf vorbereitet, was tatsächlich in der Messe passiert. Unser Pfarrer legt keinen großen Wert darauf. Wenn man es aber weiß, ist man mit Freude dabei. Deshalb danke ich Euch von Missio Österreich so sehr – Ihr habt mein Herz vor der Verbitterung bewahrt!"

22. Wie der 20-jährige Enkel seine Lethargie überwindet und Bäcker wird

Franziska* ist etwas über 80. Sie hat vier Kinder und mehrere Enkel. Jahrelang ist sie in der Kirche ehrenamtlich tätig gewesen, hat sie mit Blumen geschmückt und war Mesnerin. Ein Enkelsohn bereitet ihr viel Sorge: Felix*, 20 Jahre alt. Es ist anderthalb Jahre her, dass er die Schule abgeschlossen und zum Ausbruch der Pandemie ein Medizin-Studium begonnen hat. Die Situation setzt Felix sehr zu. Er versteht nicht einmal die Hälfte seiner Online-Vorlesungen und Seminare, ist aber zu stolz, um es zuzugeben.

Er verkriecht sich in seinem Zimmer im Elternhaus und beginnt während der Vorlesungen Computerspiele zu spielen. Online findet er auch die Freunde, die er im wirklichen Leben seit der Pandemie nicht mehr hat. Es dauert nicht lang und die Spiele sind ihm wichtiger als die Vorlesungen. Die Eltern von Felix merken das anfangs nicht, doch die Oma spürt, dass der Enkel anders geworden ist. Er kommt sehr ungern zu Besuch und wenn er da ist, scheint er geistig abwesend. Sein Lieblingsessen isst er kommentarlos, wenn Franziska für ihn kocht. Das alles beunruhigt sie. Sie spricht mit den Eltern, doch diese verharmlosen das Problem. Bis Felix das Semester nicht schafft und sein Studium nicht fortsetzen kann.

Felix trifft das hart. Er spielt nur noch Spiele und verbringt ganze Tage allein in seinem Zimmer. Die Eltern sind zu beschäftigt, um sich des Problems anzunehmen und Franziska kann das Haus zu der Zeit nicht mehr verlassen. Sie nimmt sich aber vor, für ihren Enkel zu beten. Die Oma meldet sich bei „Gott kann" an und schickt uns eine Fürbitte. Die Fürbitte wird zwar nicht laut vorgelesen, sehr wohl aber in unser Gebet eingeschlossen. Oma Franziska selbst betet jeden Tag zwei Gesätzchen Rosenkranz für

Felix. „Jeden Tag habe ich Jesus gesagt: 40 Jahre lang habe ich deine Kirche mit Blumen geschmückt. Jetzt musst du mir helfen. Rette meinen Enkel!"

Monatelang verbringt Felix ganze Tage nur im Bett oder vor dem Computer. Doch nach einem halben Jahr läutet bei Franziska das Telefon. Es ist Felix. Er will der Oma sagen, dass er sich entschlossen hat, zu arbeiten. „Wie kommst du dazu?", fragte die Oma. Und Felix erzählt: Er habe ein Computerspiel gespielt und darin sei ein Bäcker aufgetaucht. Da sei ihm der Gedanke gekommen, dass er selbst gar nichts mit seinem Leben mache. Der Gedanke habe ihn nicht losgelassen, bis er sich ein paar Tage später entschlossen habe, einfach aufzustehen und ein normales Leben zu beginnen. Die Eltern sind außer sich, als er ihnen auf einmal Frühstück macht.

Oma Franziska berichtet: „Die Eltern müssen zwar etwas schlucken, weil Felix beschlossen hat, nicht Mediziner, sondern Bäcker zu werden. Ich sage ihnen aber: ‚Seid doch froh! Lieber ein Bäcker als ein weiterer depressiver Jugendlicher!' Ich persönlich bin sehr dankbar, dass Gott zu Felix durch ein Computerspiel gesprochen hat. Er arbeitet brav, hat Freunde gefunden und jetzt trifft er sich mit einem hübschen, sympathischen Mädchen, das mir auch sehr gefällt. Die Computerspiele interessieren ihn nicht mehr. Ich bin sicher, es war das Gebet, das ihn gerettet hat. Danke, Jesus!"

23. Gott hört immer, aber manchmal anders, als man es erbittet ...

Maria* ist 84 Jahre alt, sie wohnt in Niederösterreich. Ihr Mann ist seit seiner Hirntumor-Erkrankung vor fünf Jahren halbseitig gelähmt. Seit einem Jahr beginnt sich bei ihm auch eine Demenz zu entwickeln. Maria liebt ihren Mann sehr und es bedeutet ihr viel, dass er noch bei ihr ist.

Maria ist „Gott kann"-Beterin, kennt aber die Gründerin der Missionswerke und des lebendigen Rosenkranzes, Pauline Marie Jaricot, nicht. Bis eines Tages der Gott-kann-Brief mit der Novene zu Pauline im Briefkasten liegt, und Maria sich vornimmt, die Novene zu beten, um auf diese Weise einerseits Pauline besser kennenzulernen und der Seligen gleichzeitig ihren Mann anzuvertrauen. Er hat nämlich bald eine wichtige MRT-Untersuchung, die Maria Sorgen macht. Sie betet: „Liebe Pauline Marie, lass bitte meinen Mann noch ein wenig bei mir bleiben. Ich habe ihn doch so lieb."

Doch ein paar Tage vor der wichtigen Untersuchung muss Marias Mann mit der Rettung in die Notaufnahme. Sie kann es nicht fassen: Gerade jetzt, wo sie die selige Pauline Marie Jaricot liebgewinnt, lässt die neue Selige sie im Stich? Warum? Doch dann ruft wenige Stunden nach dem Vorfall der Arzt an: „Für Ihren Mann war das lebensrettend, dass wir ihn geholt haben. Dass er zusammengebrochen ist, war an sich ein Wunder. Viele überleben so etwas gar nicht und ihn konnten wir noch retten. Wäre er nicht so dramatisch zusammengebrochen, hätte man die Rettung nicht gerufen und Ihr Mann wäre jetzt tot. Stattdessen ist er richtig fit. Wir lassen ihn noch eine Nacht zur Beobachtung da und schicken ihn dann nach Hause. Er hat echt Glück gehabt."

Maria ist außer sich vor Staunen. Ihr wird bewusst: Das Leben ihres Mannes ist genau zum Ende ihrer Novene zur Pauline Jaricot gerettet worden. Sie berichtet: „Ich habe gespürt, dass es Pauline Jaricot war, die auf ihn aufgepasst hat. Ich bin so dankbar für die Novene. Dadurch habe ich eine neue, wunderbare Selige entdeckt und lieben gelernt und mein Mann wurde gerettet. Danke, Missio Österreich und alle, die ihr durch die „Gott-kann"-Bewegung im Gebet verbunden seid. Danke, Jesus!"

24. Die Geschichte vom verlorenen Enkelsohn

Anna* ist vielfache Oma und kommt aus Deutschland. Sie hat eine ganz liebe Familie, aber auch ein Sorgenkind, ihren Enkel Jakob*. Jakob ist 17 Jahre alt und hat vor 4 Jahren von einem Tag auf den anderen jegliche Kommunikation mit der Familie abgebrochen. Er wohnt zwar noch zuhause, weil er nicht anders kann, doch er spricht weder mit den Eltern noch mit seiner Schwester – und erst recht nicht mit der Oma. Alle machen sich große Sorgen. Jakob ist aggressiv und abweisend, sobald man ihn anspricht.

Anna ist eine treue Mitfeiernde unserer Mittagsmesse. Ermutigt durch die vielen Gebetserhörungen, ruft sie bei uns an. Am Telefon weint sie. Unserer Mitarbeiterin erzählt die Oma, sie habe schon ganz vergessen, wie die Stimme ihres Enkels klingt. Auch wenn er sie gezwungenermaßen mit der Familie besuche, setze er sich bockig auf die Couch und spiele durchgehend am Handy. Anna setzt ihr ganzes Vertrauen auf Gott. Sie bittet um eine Fürbitte und hofft, dass das Gebet so vieler Menschen eine Änderung im Verhalten ihres Enkels bewirkt.

Wir haben die Fürbitte vorbereitet und vorgelesen. Schon wenige Tage später bekommen wir einen weiteren Anruf von Anna, denn es ist ein Wunder geschehen. Wieder weint sie am Telefon, diesmal vor Freude. Sie kann es selbst kaum glauben: Niemand weiß warum, doch auf einmal hat Jakob sie angerufen. Als ob nichts gewesen wäre, hat er begonnen, zu erzählen. Die Oma berichtet begeistert: „Er redete wie ein Wasserfall! Es waren die schönsten Momente seit 4 Jahren! Ich konnte kaum genug davon kriegen, meinem Enkel zuzuhören. Als er auflegte, lief ich zu meinem Herrgottswinkel und ich sagte zur Mutter Gottes: Was niemand geschafft hat, das hast Du geschafft! Ich bin Gott und allen Betern so dankbar, dass ich das noch erleben durfte.

25. Ein Bayer wird zum Gott-kann-Apostel

Simon* ist 69 Jahre alt und kommt aus einem kleinen bayrischen Dorf. Früher haben sich dort alle gekannt und gegenseitig unterstützt. Auch der sonntägliche „Kirchgang" gehörte einfach dazu. Mittlerweile hat sich vieles verändert: Die älteren Dorfbewohner sind ausgezogen oder verstorben, viele neue sind dazugekommen. Simon kommt schlecht mit der Situation zurecht. Er hat selbst keine Familie vor Ort und als das Zusammenleben im Dorf nach und nach verschwindet, geht es auch Simon immer schlechter. Schließlich kommt es so weit, dass er an manchen Sonntagen ganz allein, nur mit dem Pfarrer und der Pfarrsekretärin in der Kirche sitzt. Das macht ihn noch trauriger. Der Pfarrer ist immer sehr nett zu ihm und versucht ihn auch immer wieder einzuladen, doch Simon will ihm auch nicht zur Last fallen.

Eines Tages wird Simon angerufen: Es ist der Pfarrer, der ihm mitteilen will, dass er jetzt auf Urlaub fährt und deshalb zwei Wochen nicht erreichbar ist. Simon stimmt dieser Anruf sehr traurig: Mittlerweile ist der Geistliche seine einzige Bezugsperson im Dorf! Doch der Pfarrer tröstet ihn: „Ich habe mich gefragt, was ich Ihnen sonst anbieten kann: Vielleicht kennen Sie K-TV? Dort wird jeden Tag um 12 Uhr die Mittagsmesse übertragen ..."
Simon macht das Angebot neugierig. Er holt einen Techniker, der ihm den Sender installiert. Schon am nächsten Tag sitzt er, Punkt 12 Uhr, vor dem Fernseher. Die Messe gefällt ihm sehr gut. Besonders die Fürbitten sprechen ihn an. Dass man einfach Anliegen irgendwo hinschicken kann, ist ihm neu. Er ist skeptisch – ob sie wirklich „vom Volk" kommen? So schreibt er paar Tage später selbst eine Fürbitte – für seine Nichte, die bald operiert werden muss, da bei ihr ein bösartiger Hirntumor festgestellt worden ist. Simon gibt später zu, dass er das eher aus Neugierde getan hat, ob die Fürbitte tatsächlich vorkommt und ob sie vielleicht sogar in Erfüllung geht. Er ist bereits verwundert, als er eine Antwort auf sein Schreiben bekommt. Richtig beeindruckt ist er, als seine Fürbitte laut vorgelesen wird!

Kurze Zeit darauf bekommt Simon einen Anruf: Die Operation bei der Nichte ist sehr gut gelaufen! Zudem ist festgestellt worden, dass die Diagnose nicht ganz richtig gewesen sei: Es habe sich um einen gutartigen Tumor gehandelt, der rechtzeitig entfernt worden sei. Die Nichte braucht dann auch nur eine leichte Nachbehandlung, die ohne Komplikationen verläuft. Simon ist außer sich vor Staunen und Freude. Er kann es nicht fassen. So etwas hat er in seinem ganzen Leben noch nicht erlebt! Er kann kaum erwarten, dem Pfarrer von dem Wunder zu erzählen.

Als der von seinem Urlaub zurückkommt, wartete Simon schon vor dem Pfarrhaus auf ihn. Und erzählt sofort, wie glücklich er mit der Mittagsmesse

ist und wie Gott seine Fürbitte erhört hat. Da entgegnet der Pfarrer: Das ist schön, was Sie erlebt haben, aber wie wollen wir uns dafür bedanken? Damit ist Simon überfragt. Spenden kann er nicht wirklich, da er nur eine Mindestpension hat. Er überlegt sehr genau und kommt zum Entschluss: Er möchte für „Gott kann" werben. Er kennt zwar niemanden mehr im Dorf. Aber in den umliegenden Dörfern und auch in seiner Familie kennt er noch einige.

Zwei Wochen später meldet sich Simon wieder bei uns – mit einer Liste von über 30 Adressen, darunter alle 5 Pfarrer der Umgebung. Sie möchten alle bei „Gott kann" mitmachen. „Ich habe ihnen einfach erzählt, was mir passiert ist. Das hat sie überzeugt. Danke, Jesus."

26. Das Vertrauensbuch gab Gott die Chance, Wunder zu wirken

Elisabeth* ist 73 Jahre alt, ihr Mann Alfred* ist 76, sie wohnen in Norddeutschland und sind von Anfang an über K-TV mit Missio verbunden. Ihre Kinder sind mit den Enkelkindern kurz vor dem Ausbruch der Corona-Pandemie aus beruflichen Gründen nach Bayern und in die Schweiz gezogen. Elisabeth sagt, dass ihr bis dahin gar nicht bewusst gewesen sei, wie schwer das Leben „nur zu zweit" sein könne. Sie berichtet: „In unser Haus ist auf einmal die Stille eingekehrt. Normalerweise war es immer voll mit Kindern und Enkelkindern. Auf einmal müssen wir uns zu zweit abfinden. Das ist schwer." Dazu kommt, dass die gesundheitlichen Gebrechen zunehmen. Alfred hat sich eine Sehnenentzündung zugezogen, Elisabeth hat Probleme mit den Nieren. Sie sagt sich, ihr eigenes Leid kann sie aufopfern, aber das Leiden ihres Mannes ist sehr schwer für sie.

Bei der Mittagsmesse zeigt Pater Karl das „Vertrauensbuch". Das schenkt Elisabeth etwas Hoffnung. Sie teilt ihrem Mann ihren Plan mit: „Wir kaufen so ein Buch bei Missio und dann schreiben wir unsere Leiden da rein. Und vielleicht

hört uns der liebe Gott, der will ja auch, dass da mal ein Dank kommt." Alfred macht sich darüber lustig, er sagt, da könne seine Frau ihre Wünsche auch gleich dem Christkind schreiben, vielleicht liege die Linderung dann unter dem Weihnachtsbaum. Aber Elisabeth lässt sich nicht entmutigen. Um ihren Mann nicht zu ärgern, spricht sie nicht mehr mit ihm darüber, aber dafür mit ihrer Nachbarin. Gemeinsam bestellen sie zwei Vertrauensbücher. Als diese ein paar Tage später endlich ankommen, kann es Elisabeth kaum erwarten, ihre Bitten hineinzuschreiben. Sie beginnt mit ihrem Mann: „Jesus, bitte, hilf, dass die Leiden meines Mannes geringer werden." Uns berichtet sie: „Dieser Wunsch war für mich so gewagt, dass ich mich gar nicht getraut habe, noch etwas dazuzuschreiben. Das war also das Einzige, was im Buch stand." Einige Tage später sagt Alfred aus heiterem Himmel zu Elisabeth, dass es ihm irgendwie besser gehe. Sie schickt ihn daraufhin zum Arzt. Als er zurückkommt, strahlt er: „Du wirst es nicht glauben. Der Arzt hat gesagt, es sei ganz überraschend sehr viel besser geworden. In meinem Alter sei das unwahrscheinlich. Siehst du, Elisabeth, es geht doch ohne Bücher und Wünsche." Da hält es Elisabeth nicht mehr aus. Sie geht ins Schlafzimmer und holt das Vertrauensbuch, in dem nur ein einziger Wunsch notiert ist, nämlich, dass es ihrem Mann besser gehe. Elisabeth berichtet: „Da hat er geschaut! Ich musste gar nichts mehr sagen, er hat schon verstanden. Am nächsten Tag ist er auf mich zugekommen und hat gefragt: Wollen wir auch deine Leiden in dein Buch eintragen? Da musste ich schmunzeln. Ich habe ihn schreiben lassen. So waren in unserem Buch zwei Bitten: Meine für meinen Mann und seine für mich. Und auch mir ist es recht bald viel besser gegangen. Auch mir hat der Arzt gesagt, er wisse nicht warum. Ich habe ihm geantwortet: Ich weiß auch nicht, warum, aber ich weiß, wie."

Elisabeth erzählt uns: „Wissen Sie, ich weiß schon, das Vertrauensbuch ist nicht magisch. Aber es hat uns beten gelehrt. Das Buch hat uns beigebracht, dass wir wissen müssen, worum wir beten, und dass wir konkret sein müssen. Wenn ich was reinschreibe, dann weiß ich ganz genau, was ich von Gott möchte. Alfred und ich setzen uns jetzt manchmal am Abend zusammen und überlegen, was wir reinschreiben und wie wir es formulieren. Da fällt uns das Gebet leichter und wir kommen uns nicht mehr so einsam vor. Das hat viel in unserem Leben geändert. Danke, Jesus!"

27. „Mein Interesse für den Glauben ist entbrannt"

Stephan ist 45 und war bis jetzt selten in der Kirche. Er identifiziert sich zwar mit dem christlichen Glauben, findet aber die kirchliche Verkündigung nicht wirklich glaubwürdig. Wie viele andere, beginnt er mit dem Ausbruch der Pandemie an der Mittagsmesse teilzunehmen. Zwei Jahre später schreibt er uns: „Die Mittagsmesse hat meinen Glauben total auf den Kopf gestellt. Jetzt weiß ich, woran ich wirklich glaube und was die Konsequenzen meines Glaubens sind. Das hat dazu geführt, dass ich mich jetzt frage, wie ich selbst in der Verkündigung tätig werden kann. Ich belege theologische Kurse und versuche auch offen über den Glauben zu reden. Erst vor kurzem habe ich die Mittagsmesse jemandem empfohlen, der noch auf der Suche nach dem Wahren ist. Es tut mir gut, wenn ich das, was in mir brennt, weitergeben kann. Das hätte ich ohne die Mittagsmesse nie erlebt."

28. Eine evangelische Beterin schaut mit Liebe auf die katholische Kirche

Franziska kommt aus Norddeutschland. Sie ist – wie ihre ganze Familie – evangelisch und hat wenig positive Gefühle für die katholische Kirche. Eine Freundin überredet sie aber, die Mittagsmesse online mitzufeiern. Sie tut es und ist begeistert. Franziska schreibt uns: „Ich bin dankbar und froh, dass ich nun die Mittagsmesse entdeckt habe. Die Gemeinschaft, spürbare Freude und gute Glaubensinformation haben bewirkt, dass ich jetzt mit Liebe und Dankbarkeit auf die katholische Kirche schaue. Wohl werde ich evangelisch bleiben. Ich möchte aber, dass Sie wissen: Es gibt in Deutschland auch eine evangelische Beterin, die mit Ihnen verbunden ist."

29. Gott schenkt eine wunderbare Versöhnung

Johanna* ist etwas über 50. Sie hat viele Geschwister. Leider herrscht in der Familie seit über 10 Jahren – aufgrund von Erbstreitigkeiten – Unfrieden. Alle Bemühungen aufeinander zuzugehen und sich zu versöhnen, sind erfolglos geblieben. Die Mutter von Johanna hat kurz vor Ostern Geburtstag. Auch wenn die menschlichen Mittel ausgeschöpft sind, schreibt uns Johanna eine Fürbitte für den Frieden in der Familie. Sie betet: „Lieber Gott, ich bitte Dich, schenke uns den Geist der Versöhnung, des Verständnisses und des Friedens, damit wir ein friedliches und frohes Osterfest feiern können."

Wir haben die Fürbitte laut vorgelesen. Kurz nach Ostern kontaktiert uns Johanna wieder. Sie ist glücklich, als sie berichtet: „Es ist ein Wunder geschehen!" Beim Geburtstag der Mutter habe überraschend eine lockere, fröhliche Stimmung geherrscht, und die Erbstreitigkeiten seien kein Thema gewesen. Johanna sei zunächst skeptisch gewesen und davon ausgegangen, dass ihre Geschwister die Mutter einfach nicht enttäuschen wollten und deshalb eine gute Atmosphäre simuliert haben. Doch wenige Tage später kommen sie zu Ostern wieder alle zusammen. Diesmal nimmt die Mutter die Zusammenkunft zum Anlass, direkt über die Erbschaft zu sprechen. Sie hält eine kurze Rede und sagt: „Als ich jung war, kam es zwischen uns deshalb nicht zu Streitigkeiten, weil wir oft miteinander gebetet haben. Ich lade euch jetzt ein, kurz mit mir zu beten." Als die Mutter ein „Vaterunser" anstimmt, sind die Geschwister zu Tränen gerührt. Und in dem

einem „Vaterunser" lösen sich jeder Unfriede, aller Neid und die ganze Eifersucht auf.

Johanna schreibt uns: „Es war wie eine Weihnachtsbescherung. Alle haben sich gefreut und niemand ist dem anderen mehr etwas neidisch gewesen." Am Abend geht die ganze Familie gemeinsam zur Osternacht in die Kirche. Unterwegs sagt eines der Geschwister: „Wir müssen Gott wirklich danken. Heute konnten wir eine Auferstehung in unserer Familie feiern." Auch die Mutter ist überglücklich. Johanna ist sehr ergriffen: „Ich frage mich nur, warum es so lange gedauert hat, bis der Frieden in unserer Familie wiedereingekehrt ist. Vielleicht haben wir wirklich die Fürbitte einer so großen Gemeinschaft gebraucht, damit sich bei uns wieder alles zum Guten verändern konnte. Danke, Jesus!"

30. Gott hilft, dass ein Stammzellenspender gefunden wird

Silvia* ist noch jung (31) und wohnt in Deutschland. Erst vor kurzem hat sie erfahren, dass sie Leukämie hat und die Krankheit bereits fortgeschritten ist. Silvia hat weder Kinder, noch nähere Verwandte, von denen sie Stammzellen bekommen könnte. Die Stammzellen-Spende ist für die Bekämpfung der Krankheit aber unverzichtbar. Wenn keiner aus der Familie als Spender fungieren kann, brauchen Erkrankte einen genetischen Zwilling – eine Person also, die in den entscheidenden Gewebemerkmalen mit dem Patienten übereinstimmt und daher als Stammzellspender in Frage kommt. Einen solchen Spender zu finden, grenzt an ein Wunder. (Die Wahrscheinlichkeit liegt in Deutschland bei ca. 1:100.000.) Silvia, ihre Familie und Freunde sind verzweifelt. Da kommt die Situation einer Beterin unserer Mittagsmesse aus der Nachbarortschaft zu Ohren und diese weiß sogleich: Auch aus dieser verzweifelten Lage kann Gott herausretten! Sie schickt uns eine Fürbitte und fragt uns, ob wir diese am Tag der Typisierung laut vorlesen würden. (Bei der Typisierung wird festgestellt, ob jemand mit ähnlichen Gewebemerkmalen bekannt ist.) Nun hat Silvia die erfreuliche Nachricht bekommen: Sie hat tatsächlich einen genetischen Zwilling, der ihr Stammzellen spenden kann! Silvia und ihre Familie sind nun sicher, dass sie leben wird. Sie ist glücklich und dankbar.

31. Gott gießt Segen über eine Gebetsgruppe aus

Marianne* ist mittleren Alters und wohnt in Deutschland. Sie leitet eine Anbetungsgruppe. Zusammen mit ein paar Freunden versucht sie, die eucharistische Anbetung wieder zu beleben und dem Pfarrer den Rücken zu stärken. Bereits seit 20 Jahren organisieren sie treu eine Anbetungsstunde, auch wenn keine weiteren Beter dazukommen. Auf einmal steht die Gruppe aber vor großen Herausforderungen, denn mehrere Mitglieder werden schwer krank. Theresa* hat an einen bösartigen, schnell wachsenden Tumor in der Brust – täglich kann sie fühlen, wie er wächst. Bei Johannes* wird Prostatakrebs festgestellt. Und bei Markus* zeigt sich eine veränderte Stelle auf der Kopfhaut, die auch auf Krebs schließen lässt. Die Gruppe

spürt, da reicht das eigene Gebet nicht aus, sie brauchen Unterstützung. Marianne, die schon lange mit Missio Österreich verbunden ist, schickt uns gleich eine Fürbitte für ihre Freunde und auch dafür, dass die Anbetung, trotz der großen Prüfungen, die sie durchleben müssen, weitergehen kann. Wir lesen die Fürbitte laut vor und am gleichen Tag schreibt uns Marianne: „Danke, die Fürbitte hat uns wirklich sehr gestärkt! Jetzt zählt bei den Behandlungen jede Minute."

Schon zwei Wochen später schreibt uns Marianne: Bei Theresa, die einen schnellwachsenden Tumor in der Brust hatte, wurde bei der Operation festgestellt, dass dies nur eine Metastase sei und man nach dem Muttertumor suchen müsse. Weitere Untersuchungen ergaben jedoch: Es gibt keinen zusätzlichen Tumor! Theresa ist geheilt. Sie braucht auch keine Chemotherapie mehr. Bei Johannes wird der Prostatakrebs entfernt. Auch bei ihm verläuft die OP gut. Die Blutwerte lassen den Schluss zu, dass er jetzt gesund ist. Auch er braucht weder Chemotherapie noch Bestrahlung und kann direkt mit der Reha beginnen. Die auffällige Stelle an Markus´ Kopfhaut wird im Labor zunächst für eine Krebsvorstufe gehalten, heilt aber nach der Probebiopsie nicht, so dass sie zeitnah entfernt und als weißer Hautkrebs erkannt wird. Auch bei ihm verläuft die Operation erfolgreich. Die Gruppe ist wieder glücklich. „Der Herr hat jeden von uns angesehen und was Er anschaut, wird verwandelt. Er hat uns erhört!", schreiben sie.

32. Vater und Sohn finden zum Glauben

Michael* stammt aus einer Großstadt in Norddeutschland und ist 55 Jahre alt. Er ist atheistisch aufgewachsen. Die Eltern sind Atheisten, haben aber immer gern über verschiedene Möglichkeiten diskutiert, wie Gott sein könnte, falls es ihn denn gäbe. Michaels Mutter stirbt kurz vor dem Ausbruch der Pandemie mit 88 Jahren. Sein Vater Gerhard* ist mit 90 noch sehr fit und unendlich traurig. Ein Freund empfiehlt ihm unsere Mittagsmesse. Als sich Gerhard als Atheist dagegen wehrt, erklärt der Freund: „Warte nur ab, der Pater Karl kann auch ganz gut philosophieren." Diese Aussage lockt Gerhard, die Mittagsmesse doch einzuschalten. Nach ein paar Tagen ruft er seinen Sohn Michael an und berichtet: „Du, ich habe was entdeckt, das musst du dir anschauen. Das ist katholisch, aber gut!" Michael ist erstaunt. Noch nie hat er von seinem Vater ein gutes Wort über die Kirche gehört. Er schaltet ebenfalls ein, aber die Mittagsmesse gefällt ihm nicht, und er schaltet wieder ab.

Als es dem Vater gesundheitlich immer schlechter geht, besucht ihn Michael täglich – und er merkt, wie der Vater die Mittagsmesse immer andächtiger mitfeiert. Anfangs schaltet er nur zur Predigt ein. Dann hört er sich auch die Lesungen an. Später nimmt er sich eine ganze Stunde Zeit. Irgendwann stehen vor dem Laptop Kerzen, die er zur Messe anzündet. Michael weiß nicht, was er von dieser Entwicklung halten soll. In der einen Stunde ist sein Vater auch nicht ansprechbar – sobald Michael ein Wort sagt, erwidert er: „Pscht, jetzt hör zu, stör mich nicht!" Michael schreibt uns: „Ich habe meinen Vater jeden Tag besucht – und jeden Tag wurde ich gezwungen, die Mittagsmesse mitzufeiern." Als Michael eines Tages – wie jeden Tag – wieder seinen Vater besuchen will, findet, er ihn tot in der Wohnung. Er ist 92 Jahre alt geworden. Kurz danach schreibt uns Michael eine anonyme Fürbitte: „Vor kurzem ist mein Vater gestorben und ich habe gemerkt, dass ich inzwischen gläubig geworden bin – ohne es zu wollen. Bitte betet für mich, ich weiß nicht, wie es weitergeht." Wir haben diese Fürbitte laut vorgelesen.

Danach meldet sich Michael bei „Gott kann" an. Er erklärt: „Ich kann noch nicht beten, aber ich versuche es immer wieder. In drei Wochen habe ich meine Taufe, Erstkommunion und Firmung. Ich möchte das Rosenkranzgebet nutzen, um mich auf diese Ereignisse vorzubereiten. Die Person, um deren Bekehrung ich bete, bin ich selbst. Ich bin ja erst am Anfang. Bitte schicken Sie mir unbedingt die Anleitung mit, wie man betet! An Gebeten habe ich bis jetzt nur das „Vaterunser" gelernt." Wir danken Jesus sehr für diese wunderbare Gebetserhörung und bitten auch unsere Mitfeiernden um das begleitende Gebet für Michael.

33. „Ich bin nun ganz versöhnt mit Papst Franziskus!"

Philomena* ist glücklich verheiratet und fühlt sich in ihrem Leben sehr von Gott getragen. Sie kommt aus einer Gegend Deutschlands, wo es nicht leicht ist, einen guten Priester zu finden – ganz besonders freut sie sich deshalb, als auf einmal in ihre Pfarre ein neuer, junger, dynamischer Priester kommt. Er predigt feurig und zieht viele Menschen an. Auch Philomena hat ihn sehr gerne, denn er vertritt klar die Lehre der Kirche, ermutigt zum Empfang der Sakramente und ist immer für andere da. Philomena hat den Eindruck, die ganze Pfarre lebt neu auf. Der Priester, Pater Herbert*, lädt sie auch zu einem von ihm gegründeten Gebetskreis ein. Dort fühlt sich Philomena wohl. Die schöne Gestaltung der Gebetszeit, die Ruhe und Geborgenheit bereichern ihren Alltag sehr. So geht es über Jahre.

Eines Tages aber ändert sich die Gesinnung von Pater Herbert. Er wird bitter und immer bitterer. Der Priester tut sich vor allem mit Papst Franziskus schwer und will ihn immer weniger akzeptieren. Öffentlich kritisiert er den Heiligen Vater und diese negative Grundausrichtung breitet sich bald im Gebetskreis aus. Auch die Stimmung in der Pfarre wird immer schlechter. Philomena ist zwiegespalten. Auf der einen Seite will sie gerne dem Priester folgen, auf der anderen fragte sie sich immer wieder, zu wem sie stehen soll: Zu ihrem Priester oder zum Papst? Die Frage trägt sie lange mit sich herum – und sie findet keine Antwort. Sie wird durch die inneren Kämpfe müde und entmutigt. Bis sie zufällig auf YouTube auf die Mittagsmesse stößt und die Feier sie anspricht. Die Stimmung und die Musik gefallen ihr gut. Auch die Predigt berührt ihr Herz. Philomena entschließt sich, Jesus zu fragen, was er denn zu ihrer Situation meine. Soll sie zu ihrem Pfarrer stehen? Und wenn ja, ist es denn richtig, schlecht über den Papst zu sprechen?

Als sie ein paar Tage später wieder die Mittagsmesse einschaltet, spricht Pater Karl in der Predigt über unseren Auftrag. Auf einmal schaute er direkt in die Kamera und sagt sehr deutlich: „Bei uns geht nichts ohne den Papst! Mit Petrus und unter Petrus, nur das ist katholisch." Diesen Satz wiederholt er mit Nachdruck. Und Philomena spürt: Es ist Jesus, der ihr diese Antwort gibt. Nichts geht ohne den Papst. Sie bespricht das Ganze mit Jesus im persönlichen Gebet. Danach ist sie sicher. Gott hat ihr durch unsere Mittagsmesse diese Antwort auf ihre Frage gegeben: Nichts geht ohne den Papst. Sie ist dankbar für die Klarheit, die sie gewonnen hat und durch die sie in der Kirche erneut ihre Heimat findet. Für den Priester hat sie uns ums Gebet gebeten. Denn auch er soll erkennen – nur in der vollen Einheit mit der Kirche kommt man zur Ruhe. Sie hat das selbst erfahren.

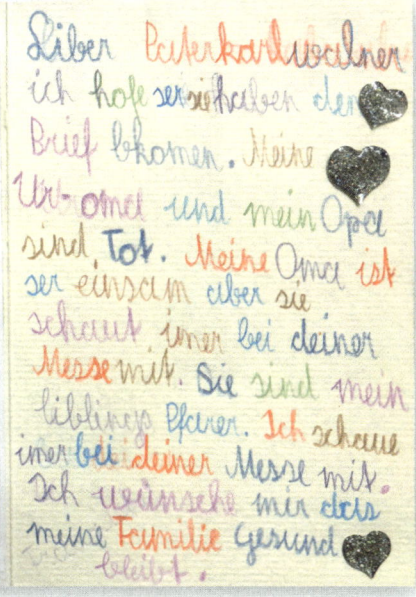

III. Teil

Missio Österreich lädt ein

1. Wir sind für Sie da

Das Team von Missio Österreich freut sich über Ihren Anruf, ihre E-Mail-Nachricht oder über Ihren Brief. Haben Sie Fürbitten, möchten Sie etwas bei uns bestellen oder haben Sie sonstige Anliegen? Wir sind gerne für Sie da! Bitte kontaktieren Sie uns:

Unsere Homepage:	www.missio.at
Rufen Sie uns an:	Von Österreich: 01-513 77 22
	Von auswärts: 0043-1-513 77 22
Schicken Sie uns ein Email:	missio@missio.at
Schreiben Sie uns per Post:	Missio Österreich,
	Seilerstätte 12/1,
	1010 Wien, Österreich

Hinweis: missio@missio.at ist die zentrale Email-Adresse. Sie können diese immer verwenden. Für einzelne Bereiche haben wir direkte Email-Adressen, die sind jeweils bei den Themen angegeben. Sie können also missio@missio.at immer für alles verwenden.

Öffnungszeiten:

Montag	8 – 18 Uhr
Dienstag	8 – 17 Uhr
Mittwoch	8 – 17 Uhr
Donnerstag	8 – 17 Uhr
Freitag	8 – 13 Uhr

Samstag und Sonntag ist die Nationaldirektion zur Mittagsmesse geöffnet.

2. Und wenn ich nicht in Österreich wohne ...?

Kein Problem. Auch wenn Sie außerhalb von Österreich wohnen, sind wir gerne für Sie da. Egal wo Sie zuhause sind, wir schicken Ihnen unsere Gebetskarten, „Gott-kann"-Briefe, Rosenkränze, Infomaterialien und Shop-Artikel zu.

Rufen Sie uns an:	Von auswärts:	0043-1-513 77 22
Schicken Sie uns ein Email:	missio@missio.at	
Schreiben Sie uns per Post:	Missio Österreich Seilerstätte 12/1 1010 Wien Österreich	

3. Unsere Mess-Übertragungen (Programm)

Durch die Live-Übertragungen der Heiligen Messen aus der „Licht-der-Völker-Kapelle" im Herzen von Wien ermöglicht Missio eine weltweite, vernetzte Gebetsgemeinschaft.
Feiern und beten Sie gerne mit uns zu folgenden Zeiten und über folgende Kanäle:

Montag:	Kindermesse (K-TV, www.missio-live.at) 17:00 Uhr
Dienstag:	Mittagsmesse (K-TV, www.missio-live.at) 12:00 Uhr
Mittwoch:	Mittagsmesse (K-TV, www.missio-live.at) 12:00 Uhr
Donnerstag:	Mittagsmesse (K-TV, www.missio-live.at) 12:00 Uhr
Freitag:	Mittagsmesse (EWTN, www.missio-live.at) 11:30 Uhr Anbetung und Rosenkranz für die Mission (auch EWTN) 12:00 Uhr Mittagsmesse: Seelenmesse für Verstorbene (auch EWTN)
Samstag:	Mittagsmesse (www.missio-live.at) 12:00 Uhr Mittagsmesse
Sonntag:	Mittagsmesse (www.missio-live.at) 12:00 Uhr Mittagsmesse 16:00 Uhr Persische Messe

Livestreams
auf
www.missio-live.at

Aus der Licht-der-Völker-Kapelle
in der Nationaldirektion von Missio Österreich in Wien

MONTAG
17:00 Uhr **KINDERMESSE** (auch K-TV)

DIENSTAG
12:00 Uhr **MITTAGSMESSE** (auch K-TV)

MITTWOCH
12:00 Uhr **MITTAGSMESSE** für die Mission (auch K-TV)

DONNERSTAG
12:00 Uhr **MITTAGSMESSE** (auch K-TV)

FREITAG
11:30 Uhr **ANBETUNG UND ROSENKRANZ** für die Mission (auch EWTN)
12:00 Uhr **MITTAGSMESSE:** Seelenmesse für Verstorbene (auch EWTN)

SAMSTAG
12:00 Uhr **MITTAGSMESSE**

SONNTAG
12:00 Uhr **MITTAGSMESSE**
16:00 Uhr Persische Messe

TIPP:
Lesen Sie wunderbare Gebetserhörungen:
www.missio.at/shop

▶ Abonnieren Sie unseren Youtube-Kanal auf **www.missio-live.at**
(Das ist ein kostenloses Informations-Service für Sie über unsere Angebote.)

Rufen Sie uns an unter **0043-1-513 77 22** oder schreiben Sie uns ein E-Mail an **missio@missio.at**

4. Wie stelle ich K-TV auf meinem Fernseher ein?

K-TV können Sie kostenfrei mit einer digitalen Satellitenanlage über das ASTRA Satellitensystem in digitaler Qualität empfangen.

Satelliteneinstellungen K-TV

Sendername:	K-TV (K-TV Katholisches Fernsehen)
Satellit:	Astra 1H
Polarisation:	horizontal
Position:	19.2 Grad Ost
Transponder:	113
Frequenz:	12 633 GHz
Symbolrate:	22.000 ksym/s
FEC:	5/6

Kontaktdaten K-TV

Bei Fragen wenden Sie sich an:

E-Mail:	info@k-tv.org
Telefon:	0043 5572 20 24 97 (Österreich)
	0049 8385 39 49 99-0 (Deutschland)
	Internet Livestream K-TV: https://k-tv.org/live-stream

5. Wie stelle ich EWTN auf meinem Fernseher ein?

EWTN können Sie kostenfrei mit einer digitalen Satellitenanlage empfangen.

Satelliteneinstellungen EWTN

Sendername: EWTN katholisches TV (oder EWTN kathTV)

Satellit:	Astra 1H
Polarisation:	horizontal
Position:	19,2° Grad Ost
Transponder:	103
Frequenz:	12 460 MHz
Symbolrate:	27500 ksym/s
FEC:	¾

Kontaktdaten EWTN

Bei Fragen wenden Sie sich an:

E-Mail:	info@ewtn.de
Telefon:	0049 221 30 06 19 10
Internet Livestream EWTN:	www.ewtn.de/livestream

Folgende Plattformen übertragen ebenfalls:

www.bibeltv.de
www.anbetung.tv
www.kit-tv.at

6. Wie kann ich die Heilige Messe online über das Internet mitfeiern?

Seit März 2020 überträgt Missio Österreich täglich die Mittagsmesse. Sie können unkompliziert und einfach über unseren YouTube-Kanal mitfeiern. Wenn Sie den kostenlosen YouTube-Kanal abonnieren, und die Glocke drücken, erhalten Sie kurz vor Beginn jeder Messe eine Nachricht, die Sie daran erinnert, dass die Eucharistiefeier in Kürze beginnt.

Sie finden den Livestream aber auch immer auf unserer Homepage www.missio-live.at.

Zusätzlich bieten K-TV und EWTN zum TV-Programm einen Online-Stream auf ihren Internetseiten an.

7. Wie schicke ich eine Fürbitte?

Sie können alle Kanäle nutzen, um uns Ihre Fürbitten für den „Burundischen Brotkorb" zukommen zu lassen: Per Telefon, per Brief oder per Email. Schreiben Sie uns Ihr persönliches Gebetsanliegen über das Formular auf unserer Website.

Bitte beachten sie: Alle Fürbitten kommen in den Burundischen Brotkorb, aber nicht alle können immer vorgelesen werden. Gott kennt Ihre Not, er sieht Ihr Vertrauen und er hört Ihre Bitte, auch wenn wir sie nicht laut machen können. Da wir so viele Fürbitten erhalten, können wir Fürbitten über Facebook, Whats-App, Tik-Tok, SMS usw. nicht berücksichtigen. Es ist wichtig, dass uns die Bitten an Gott auch „etwas wert sind" und wir uns dafür die Mühe nehmen, sie „ordentlich", also per Telefon, Brief oder Email zu übermitteln.

Nochmals: Wir legen alle Ihre Fürbitten in den Burundischen Brotkorb. Gott ist gut!

Homepage direkt:	www.missio.at/fuerbitten	
Rufen Sie uns an:	Von Österreich:	01-513 77 22
	Von auswärts:	0043-1-513 77 22
Schicken Sie uns ein Email:	fuerbitten@missio.at	
Schreiben Sie uns per Post:	Missio Österreich Seilerstätte 12/1 1010 Wien, Österreich	

8. Was ist der „Burundische Brotkorb"?

In Burundi lagern die Menschen in einem handgeflochtenen Korb Brot, Reis und andere Lebensmittel. Bei einem Besuch von Missio-Hilfsprojekten in Burundi 2019 hat Nationaldirektor Pater Karl Wallner einen Burundischen Brotkorb von armen Bäurinnen gekauft.

Bei Ausbruch der Coronapandemie im März 2020 haben wir den Korb vor dem Altar in der Licht-der-Völker-Kapelle aufgestellt und die Gläubigen eingeladen, ihre Fürbitten darin abzulegen. Man kann sie auch telefonisch, per E-Mail oder per Post schicken. Seither haben uns mehr als 180.000 Fürbitten (Stand April 2023) erreicht. Einige Bitten werden bei der Mittagsmesse vorgelesen, es gibt viele Gebetserhörungen.

missio

Verfolgen Sie von Di. - So. um 12 Uhr die Mittagsmesse im Fernsehen und senden Sie uns Ihre Fürbitten:
fuerbitten@missio.at

Lassen Sie die Satellitenanlage einstellen und **empfangen Sie Sendungen von Missio Österreich in Ihrem TV:**

K-TV

K-TV können Sie kostenfrei mit einer digitalen Satellitenanlage über das ASTRA Satellitensystem in digitaler Qualität empfangen.

Sendername: K-TV (K-TV Katholisches Fernsehen)
Satellit: Astra 1H
Polarisation: horizontal
Position: 19.2 Grad Ost
Transponder: 113
Frequenz: 12 633 GHz
Symbolrate: 22.000 ksym/s
FEC: 5/6

Bei Fragen wenden Sie sich an:
E-Mail   info@k-tv.org
Telefon   **(+49) 8385 39 49 99-0** (Deutschland)
          (+43) 5572 20 24 97 (Österreich)

Den Livestream von K-TV finden Sie im Internet unter **https://k-tv.org/live-stream**

EWTN

EWTN können Sie kostenfrei mit einer digitalen Satellitenanlage empfangen.

Sendername: EWTN katholisches TV
              (oder EWTN kathTV)
Satellit: Astra 1H
Polarisation: horizontal
Position: 19,2° Grad Ost
Transponder: 103
Frequenz: 12 460 MHz
Symbolrate: 27500 ksym/s
FEC: 3/4

Bei Fragen wenden Sie sich an:
E-Mail   info@ewtn.de
Telefon   **(+49) 221 30 06 19 10** (Deutschland)

Den Livestream von EWTN finden Sie im Internet unter **www.ewtn.de/livestream**

Folgende Plattformen übertragen ebenfalls: **www.bibeltv.de | www.anbetung.tv | www.kit-tv.at**

9. Die Missio-Kindermesse am Montag um 17 Uhr

Die Kindermesse ist ein missionarischer Auftrag, um die Kleinsten für den Glauben zu begeistern. Viele Pfarren haben keine eigene Messe für die Kinder. Missio Österreich überträgt daher immer montags um 17:00 Uhr die Kindermesse.

Das Team von YoungMissio gestaltet die Heilige Messe musikalisch und fasst kirchliche Gedenktage, Hochfeste und die Liturgie kindgerecht zusammen. Wir wollen Eltern und Großeltern ermutigen, mit ihren Kindern die Messe vor Ort in der „Licht-der-Völker-Kapelle" oder vor dem Fernseher mitzufeiern.

Die Missio-Kindermesse ist immer montags um 17:00 Uhr.

Feiern Sie mit über K-TV oder	www.missio-live.at
Rufen Sie uns an:	Von Österreich: 01-513 77 22
	Von auswärts: 0043-1-513 77 22
Schicken Sie uns ein Email:	young@missio.at
Schreiben Sie uns per Post:	Missio Österreich Seilerstätte 12/1 1010 Wien, Österreich

10. Ein Segen zum Hochzeitsjubiläum über das Fernsehen

Feiern Sie silberne, goldene oder gar diamantene Hochzeit? Kontaktieren Sie uns und erhalten Sie im Anschluss an die Mittagsmesse einen Hochzeitssegen über das Fernsehen. Viele Paare haben aus Alters- und Krankheitsgründen keine Möglichkeit, das Ehejubiläum in der Kirche zu feiern. Dann gilt: Der Segen Gottes wirkt auch digital!

Wenn Sie eine Fürbitte oder einen Segen zu einem Ehejubiläum wollen, kontaktieren Sie uns gerne.

Rufen Sie uns an:	Von Österreich:	01-513 77 22
	Von auswärts:	0043-1-513 77 22
Schicken Sie uns ein Email:	missio@missio.at	
Schreiben Sie uns per Post:	Missio Österreich Seilerstätte 12/1 1010 Wien, Österreich	

11. Die missionarische Verkündigung bei der Mittagsmesse

In jeder Pfarre gibt es nach der Heiligen Messe die Verkündigungen für die kommende Woche. Wir bei Missio Österreich sind zwar keine Pfarre, haben aber dennoch viel zu verlautbaren. In unserer missionarischen Verkündigung erfahren die Mitfeiernden alles über die Missio-Hilfsprojekte für die Ärmsten der Armen. Dafür verwenden wir Fotos, die unsere Projektpartner vor Ort aufgenommen haben.

Mithilfe von Bildern wird die Dimension Weltkirche auf einfachste Weise an alle Mitfeiernden vermittelt, denn Bilder drücken oft mehr aus als bloße Worte. Die missionarische Verkündigung dient unserem Auftrag, die Menschen für die Mission zu begeistern („*animazione missionaria*", Papst Franziskus) und so die universale Kirche besser kennenzulernen.

12. Heilige Messen in Persischer Sprache

Unsere Türen sind nicht nur für Gläubige in Österreich, sondern für alle Menschen, die Christus suchen, offen. Daher bieten wir auch Heilige Messen in persischer Sprache an. Wir wollen gerade für diejenigen eine Stütze sein, die zum Christentum konvertieren und keine Gemeinschaft finden.

Die Teilnahme an den Messen ist selbstverständlich auch online möglich.

Wir übertragen die Heilige Messe in persischer Sprache immer sonntags um 16 Uhr. Empfehlen Sie die Heilige Messe an persisch sprechende Menschen.

Homepage direkt:	www.missio-live.at	
Homepage für Perser:	www.hananias.at	
Rufen Sie uns an:	Von Österreich:	01-513 77 22
	Von auswärts:	0043-1-513 77 22
Schicken Sie uns ein Email:	missio@missio.at	
Schreiben Sie uns per Post:	Missio Österreich Seilerstätte 12/1 1010 Wien, Österreich	

13. Das Missio-Magazin allewelt

Unser Missio-Magazin „allewelt" bringt die Weltkirche in Ihr Wohnzimmer: In packenden Reportagen nehmen wir Sie mit nach Afrika, Asien oder Lateinamerika und lassen Sie Weltkirche hautnah erleben. Lernen Sie Menschen kennen, die für ihren Glauben brennen und lesen Sie spannende Zeugnisse aus aller Welt.

Unser Redaktionsteam ist dabei stets vor Ort, wo den Ärmsten der Armen geholfen wird. Wir stellen Ihnen missionarische Persönlichkeiten vor, die sich für Ihre Nächsten hingebungsvoll aufopfern, um die Welt zu verbessern.

Die „allewelt" erscheint sechs Mal im Jahr. Ein Abonnement für ein Jahr kostet derzeit 15 Euro, sie erhalten dafür 6x im Jahr die „allewelt". Rufen Sie an, wir informieren gerne.

Homepage direkt:	www.missio.at/alle-welt
Rufen Sie uns an:	Von Österreich: 01-513 77 22
	Von auswärts: 0043-1-513 77 22
Schicken Sie uns ein Email:	missio@missio.at
Schreiben Sie uns per Post:	Missio Österreich
	Seilerstätte 12/1
	1010 Wien, Österreich

14. Die YouTube-Videos von Missio Österreich

Neben der Übertragung der Heiligen Messen bieten wir den Abonnenten unseres YouTube-Kanals ein facettenreiches Angebot an Videos an. Von abenteuerlichen Reportagen aus unseren Hilfsprojekt-Ländern über ansprechende Kindersendungen bis hin zu Interviews und tiefgründigen Predigten ist alles dabei, was das missionarische Herz höherschlagen lässt.

Unser direkter Missio-Kanal:	www.missio-live.at
Sie finden uns unter:	www.youtube.com unter „Missio Österreich"

→ Aktivieren Sie die Glocke, dann verpassen Sie keine Übertragung!

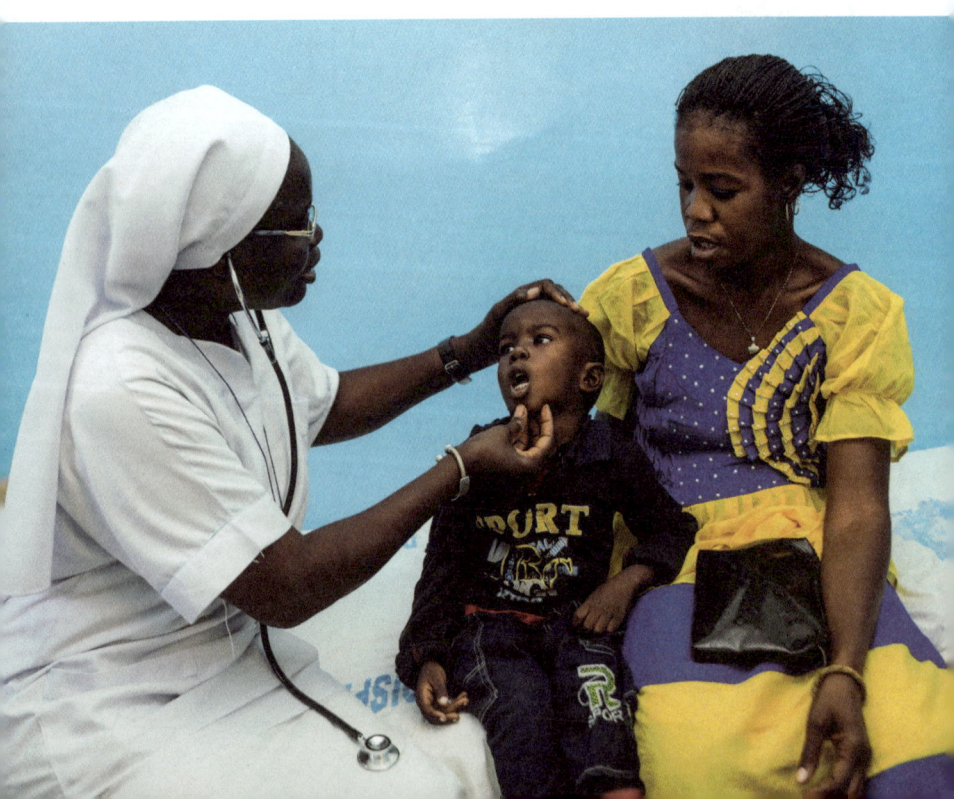

15. Tolle Podcasts zum Anhören

Statt schrillem Schlager während der langen Autofahrt einfach in die bewegenden Geschichten von Menschen aus aller Welt eintauchen: Seit Herbst 2021 vertonen wir unsere „allewelt"-Reportagen und nehmen unsere Zuhörer regelmäßig auf fesselnde Reisen durch die Weltkirche mit.

Unsere Podcasts erscheinen monatlich auf allen gängigen Podcast-Plattformen und werden gratis zur Verfügung gestellt. Durch die vertonten Reportagen mit bekannten Stimmen aus der österreichischen Medienwelt entführen wir Sie in ein abenteuerliches Kopfkino und bringen Ihnen die packenden Erzählungen aus der weiten Weltkirche in Ihre vier Wände oder eben in Ihr Auto.

Unsere Podcasts von Missio Österreich finden Sie auf:

| Spotify | Google Podcast | Speaker |
| Amazon Music | Apple Podcast | YouTube … |

16. Die Gebetsbewegung „Gott-kann"

Unsere Gründerin, die selige Pauline Marie Jaricot, gründete im 19. Jahrhundert den „Lebendigen Rosenkranz". In einer Zeit der Frustration und Mutlosigkeit in Lyon tat die selige Pauline Marie Jaricot, was für sie möglich war: sie betete. Während ihres Lebens motivierte sie über zwei Millionen Franzosen zum Rosenkranzgebet.

Auch wir wollen in unserer heutigen oft wirren Zeit für einen missionarischen Aufbruch beten. Missio Österreich startete 2017 die Gebetsbewegung „Gott-kann". Seitdem haben sich über 12.000 Menschen entschlossen, jeden Tag ein Gesätzchen des Rosenkranzes für einen jungen Menschen oder die Weltmission zu beten.

Erhalten Sie einen Rosenkranz in den Landesfarben von Österreich, Deutschland, Bayern oder in den Farben der Kontinente. Alle „Gott-kann" Beter erhalten regelmäßig einen Brief mit Gebetserhörungen aus der Gott-kann-Gebetsgemeinschaft. Bitte kontaktieren Sie uns.

Homepage direkt:	www.Gott-kann.at	
	www.missio.at/Gott-kann	
Rufen Sie uns an:	Von Österreich:	01-513 77 22
	Von auswärts:	0043-1-513 77 22
Schicken Sie uns ein Email:	info@Gott-kann.at oder	
	missio@missio.at	
Schreiben Sie uns per Post:	Missio Österreich	
	Seilerstätte 12/1	
	1010 Wien, Österreich	

17. Wie werde ich zum „Gott-kann" Apostel?

Das Gebet ist unsere Stärke und das Fundament jeglicher missionarischen Arbeit. Viele Gott-kann-Beter haben über die Jahre ihre Freunde und Bekannten, ja die eigene Familie ermutigt, sich dieser gnadenreichen Gebetsgemeinschaft anzuschließen. Das wäre ohne unsere Gott-kann-Apostel wohl kaum möglich gewesen. Ihnen ist zu verdanken, dass unsere Bewegung stetigen Zulauf erfährt. Wenn auch Sie auf einfachstem Wege missionarisch unterwegs sein sollen, können Sie ganz einfach Gott-kann-Apostel werden, indem sie zehn weitere Angehörige für die Gebetsaktion Gott-kann anwerben. Zu Ihrem Geburtstag werden Sie namentlich in unsere Heilige Messe eingeschlossen und an jedem ersten Samstag im Monat feiern wir die Heilige Messe besonders in Ihren Anliegen.

Kontaktieren Sie uns und werden Sie „Gott-kann" Apostel!

Homepage direkt:	www.Gott-kann.at
	www.missio.at/Gott-kann
Rufen Sie uns an:	Von Österreich: 01-513 77 22
	Von auswärts: 0043-1-513 77 22
Schicken Sie uns ein Email:	info@Gott-kann.at oder
	missio@missio.at
Schreiben Sie uns per Post:	Missio Österreich
	Seilerstätte 12/1
	1010 Wien, Österreich

18. Wie bete ich den Rosenkranz?

Mit dem stetigen Zuwachs an Gott-kann-Betern war es notwendig, eine Anleitung zum Rosenkranzgebet zu verfassen. In unserer Missio-Rosenkranz-Anleitung erfahren Sie alles Wichtige über dieses mächtige Gebet. Bestellen Sie einfach und unkompliziert die Rosenkranzanleitung bei uns. Wir schicken Ihnen die Anleitung kostenlos zu. Die Anleitung eignet sich auch optimal zum Verschenken an Bekannte, Freunde und Verwandte. Trauen Sie sich missionarisch zu sein und verbreiten Sie den Rosenkranz in ihrer Umgebung!

Wir schicken Ihnen gerne und gratis die Anleitung zum Rosenkranz:

Rufen Sie uns an:	Von Österreich:	01-513 77 22
	Von auswärts:	0043-1-513 77 22
Schicken Sie uns ein Email:	missio@missio.at	
Schreiben Sie uns per Post:	Missio Österreich	
	Seilerstätte 12/1	
	1010 Wien, Österreich	

19. Eine Viertelstunde vor dem Allerheiligsten

Die Eucharistie ist das schlagende Herz der Kirche, da Jesus selbst im Allerheiligsten gegenwärtig ist. Daher gebührt Ihm allein all unsere Ehre und unser Lobpreis. Viele Menschen, die zur eucharistischen Anbetung gehen, fühlen sich aber überfordert, wissen nicht recht, wie sie beten und mit Jesus sprechen sollen. Dafür hat sich Missio Österreich eine einfache Lösung überlegt: Nach dem Vorbild des heiligen Antonius Maria Claret haben wir die „Viertelstunde vor dem Allerheiligsten" gestaltet. Das ist ein Heft, das dabei hilft, mit Jesus ins Gespräch zu kommen. Mithilfe des Heftes kann man optimal 15 Minuten oder länger bei Jesus verweilen.

Wir senden Ihnen die „Viertelstunde vor dem Allerheiligsten" gerne gratis zu.

Rufen Sie uns an:	Von Österreich:	01-513 77 22
	Von auswärts:	0043-1-513 77 22
Schicken Sie uns ein Email:	missio@missio.at	
Schreiben Sie uns per Post:	Missio Österreich Seilerstätte 12/1 1010 Wien, Österreich	

20. Die Seelenmesse am Freitag für Verstorbene

Jeden Freitag wird in der Mittagsmesse der Verstorbenen gedacht und eine Seelenmesse für sie gefeiert. Wenn auch Sie für Ihre lieben Verstorbenen beten lassen wollen, kontaktieren Sie uns. Nach der Predigt werden wir für Ihre verstorbenen Familienmitglieder, Verwandten, Bekannten und Freunde beten. Wir beten und vertrauen darauf, dass der Herr sie in die ewige Heimat aufnimmt.

Wenn wir für jemanden besonders beten sollen, bitte kontaktieren Sie uns:

Rufen Sie uns an: Von Österreich: 01-513 77 22
Von auswärts: 0043-1-513 77 22

Schicken Sie uns ein Email: missio@missio.at

Schreiben Sie uns per Post: Missio Österreich
Seilerstätte 12/1, 1010 Wien,
Österreich

21. Eine Novene zur seligen Pauline Marie Jaricot

Im Jubiläumsjahr 2022 hatten wir die große Freude, dass unsere Gründerin am 22. Mai in Lyon seliggesprochen worden ist. Sie war schon immer unsere treue Fürsprecherin und begleitet uns auch weiterhin durch ihre Fürsprache bei unserem Dienst für die Ärmsten der Armen. Im Zuge der Seligsprechung verfasste Missio Österreich eine Novene zur neuen Seligen. Das Besondere dabei ist, dass jeder Tag dieser Novene einen eigenen Aspekt aus der Spiritualität der Seligen aufgreift. Durch kurze Betrachtungen aus dem Leben der seligen Pauline Marie Jaricot wollen wir von ihr lernen und das Gebet neu entdecken. Die selige Pauline Marie Jaricot ist unsere Fürsprecherin für die Weltmission.

Das Novenenheft erhalten Sie von uns gratis:

Rufen Sie uns an:	Von Österreich:	01-513 77 22
	Von auswärts:	0043-1-513 77 22
Schicken Sie uns ein Email:	missio@missio.at	
Schreiben Sie uns per Post:	Missio Österreich Seilerstätte 12/1 1010 Wien, Österreich	

22. Die Priesterpatenschaften von Missio Österreich

Nur ein kleiner Blick nach Afrika, Lateinamerika oder Asien reicht, um zu erkennen, dass die Kirche lebt. Zahlreiche junge Männer folgen auf diesen Kontinenten ihrer Berufung zum Priestertum. Viele von ihnen haben kaum bis gar keine finanziellen Möglichkeiten, das Studium selbst zu finanzieren, da sie aus ärmlichen Verhältnissen stammen. Die Seminare sind voll ausgelastet, wenn nicht sogar überlastet! Die Ausbildung ist kostspielig. Aus diesem Grund treten seit Jahren viele Bischöfe an Missio Österreich heran und bitten uns um Unterstützung.

Damit kein Priesterstudent aufgrund von Platzmangel oder finanziellen Schwierigkeiten abgewiesen werden muss, suchen wir bei Missio Österreich Gläubige (oder Gruppen), die eine Priesterpatenschaft für einen Priesterstudenten übernehmen. Dabei übernimmt man es, täglich für einen Seminaristen zu beten und monatlich derzeit 50 Euro zu spenden. Über einen Zeitraum von vier Jahren, das sind die letzten vier Jahre vor der Priesterweihe. Man kann die Unterstützung auch auf einmal überweisen. Wichtig ist, dass für den Priesterstudenten treu bis zur Priesterweihe gebetet wird. Man erhält einen persönlichen „Steckbrief" seines Patenstudenten mit Informationen über sein Leben, seine Ausbildung und seine Motivation.

Wir informieren Sie gerne über die Priesterpatenschaften:

Homepage direkt:	www.priesterpatenschaften.at www.missio.at/priesterpatenschaften
Rufen Sie uns an:	Von Österreich: 01-513 77 22 Von auswärts: 0043-1-513 77 22
Schicken Sie uns ein Email:	missio@missio.at
Schreiben Sie uns per Post:	Missio Österreich, Seilerstätte 12/1, 1010 Wien, Österreich

23. Warum sind Mess-Stipendien so wertvoll?

Jede Heilige Messe ist von unbezahlbarem Wert. Von alters her brachten die Gläubigen ihre Gaben, um den Priester und die Ortskirche zu unterstützen. Heute, da wir Weltkirche geworden sind, hat dieser urkirchliche Brauch eine neue Bedeutung: Ein Priester in einem fernen Land feiert die Heilige Messe in Ihrem Anliegen. Dieses Anliegen ist etwas Geistiges, eine innere Absicht, die wir „Mess-Intention" nennen: Es kann eine Fürbitte für Verstorbene oder für Lebende sein, Dank, Lob oder eine andere Bitte.

Mit dieser geistigen „Mess-Intention" verbinden Sie eine materielle Gabe, das „Mess-Stipendium", indem Sie 9 Euro geben. Das ist derzeit der von den Bischöfen für Österreich festgelegte Betrag. Wir geben die Mess-Stipendien, verbunden mit den Mess-Intentionen, an die Priester in den armen Ländern weiter. Die Priester dort haben kein regelmäßiges Einkommen. So werden nicht nur in Ihren Anliegen Messen gefeiert, sondern sie bauen dadurch zugleich Weltkirche auf. Sie haben auch die Möglichkeit, eine Messreihe von 30 Messen („Gregorianische Messe") feiern zu lassen.

Wir schicken Ihnen gerne den Informationsfolder über „Mess-Stipendien" zu, wo alles genau erklärt wird.

Homepage direkt:	www.missio.at/mess-stipendien
Rufen Sie uns an:	Von Österreich: 01-513 77 22
	Von auswärts: 0043-1-513 77 22
Schicken Sie uns ein Email:	missio@missio.at
Schreiben Sie uns per Post:	Missio Österreich Seilerstätte 12/1 1010 Wien, Österreich

24. Unser Kindermagazin „alleweltKIDS"

Eltern und gerade Großeltern haben die besondere Fähigkeit, ihre Kinder und Enkelkinder für den Glauben zu begeistern. Missio Österreich unterstützt Sie dabei sehr gerne mithilfe der alleweltKIDS, einem extra für Kinder gestalteten Magazin mit christlichem Inhalt.

Neben lehrreichen Kreuzworträtseln und aufregenden Bastelanleitungen erfahren die jungen Leser wie die Kinder in unseren Hilfsprojektländern leben. Ebenso werden die Traditionen und Bräuche aus den Ländern aller Welt verständlich und kindgerecht nähergebracht. Damit der Spaß niemals zu kurz kommt, gibt es immer wieder Gewinnspiele, bei denen die Kinder unter anderem Kinogutscheine oder tolle Geschenke aus unserem Missio-Shop gewinnen können.

Wir schicken Ihnen gerne ein Probe-Exemplar der alleweltKIDS samt Begleitheft zu!

Homepage direkt:	www.youngmissio.at unter „alleweltKIDS"
Rufen Sie uns an:	Von Österreich: 01-513 77 22 Von auswärts: 0043-1-513 77 22
Schicken Sie uns ein Email:	young@missio.at
Schreiben Sie uns per Post:	Missio Österreich Seilerstätte 12/1 1010 Wien, Österreich

25. Die Young-Missio-Box

Unsere Young-Missio-Box motiviert unsere Kinder in Österreich, Gebete und Geld für die Ärmsten der Armen in den Ländern des Globalen Südens zu spenden. Viele Kinder und Jugendliche beteiligen sich an dieser einzigartigen Aktion. Wir wollen den Jüngsten unserer Gesellschaft ein Mittel geben, um konkret die Welt zu verändern. Durch Gebet und Spende kann man viel bewirken – das hat uns die selige Pauline Marie Jaricot gezeigt.

Wir schicken Ihnen eine oder mehrere gratis Young-Missio-Box sehr gerne zu.

Homepage direkt:	www.missio.at/young-missio-box
Rufen Sie uns an:	Von Österreich: 01-513 77 22
	Von auswärts: 0043-1-513 77 22
Schicken Sie uns ein Email:	young@missio.at
Schreiben Sie uns per Post:	Missio Österreich
	Seilerstätte 12/1
	1010 Wien, Österreich

26. Der Testamentsratgeber

Unser Leben auf der Erde wird einmal zu Ende gehen. Daher ist es umso wichtiger, ein Testament zu verfassen, denn wir wissen weder den Tag noch die Stunde, da uns unser Vater im Himmel in die Ewigkeit rufen wird. Viele Familien sind nach dem Tod eines geliebten Angehörigen wegen des Erbes zerstritten. Das führt häufig zu Belastungen, Spannungen und Kontaktabbrüchen in den Familien.

Damit es nicht so weit kommt, hat Missio Österreich einen Testamentsratgeber verfasst. In diesem Ratgeber erhalten Sie wertvolle Tipps zum Erstellen von Testamenten. Wir schicken den Testamentsratgeber gerne kostenlos und unverbindlich zu:

Homepage direkt:	www.missio.at/testament
Hilfreich ist auch:	https://www.missio.at/fragen-zum-testament/
Rufen Sie uns an:	Von Österreich: 01-513 77 22 Von auswärts: 0043-1-513 77 22
Schicken Sie uns ein Email:	missio@missio.at
Schreiben Sie uns per Post:	Missio Österreich Seilerstätte 12/1 1010 Wien, Österreich

27. „Kelche für die Weltmission"

Würdige liturgische Geräte sind eine Voraussetzung für die Feier der Heiligen Messe, schließlich stehen sie direkt im Dienst an unserem eucharistischen Herrn. Gerade Neupriestern in Afrika haben aber oft keine Kelche, Patenen oder Monstranzen. Häufig landen bei uns in Österreich solche liturgischen Geräte und andere sakrale Gegenstände auf den Flohmärkten.

Missio Österreich hat es sich zur Aufgabe gemacht, nicht mehr verwendete Kelche, Patenen und Ziborien entgegenzunehmen und sie zu restaurieren. Anschließend werden sie jenen Priestern zur Verfügung gestellt, die keine besitzen, damit sie die Heilige Messe festlich zelebrieren können.

Wenn Sie liturgische Geräte besitzen und diese für die Weltmission spenden möchten, wenden Sie sich gerne an uns. Wichtig dabei ist, dass solche Kelche, Patenen und Ziborien nicht im pfarrlichen Besitz stehen dürfen, sondern ausschließlich aus Privatbesitz kommen. Wir möchten den Pfarren hier in Österreich nichts wegnehmen. Ebenso können Angehörige von Primizianten bei uns Primizkelche erwerben. Bitte kontaktieren Sie uns, wenn Sie Fragen haben, denn hier geht es immer um etwas Besonderes.

Homepage direkt:	www.missio.at/kelche
Rufen Sie uns an:	Von Österreich: 01-513 77 22
	Von auswärts: 0043-1-513 77 22
Schicken Sie uns ein Email:	missio@missio.at
Schreiben Sie uns per Post:	Missio Österreich Seilerstätte 12/1 1010 Wien, Österreich

28. Unser missionarischer Missio-Shop

Devotionalien, Bücher und Geschenke für jeden Anlass: In unserem Missio-Shop finden Sie alles, was Sie zu einer Erstkommunion, Firmung oder zum Geburtstag verschenken können. Bücher über missionarische Persönlichkeiten und faszinierende Glaubensthemen runden das Angebot in unserem Missio-Shop ab. Alle Produkte liegen in unserer Nationaldirektion auf. Aber auch Online können Sie alle Artikel bestellen und bequem nach Hause liefern lassen. Der gesamte Erlös kommt unseren Hilfsprojekten in den Ländern des Globalen Südens zugute.

Informieren Sie sich auf der Homepage oder lassen Sie sich regelmäßig den Missio-Shop-Folder oder den Missio-Shop-Newsletter zuschicken.

Homepage direkt:	www.missio.at/shop	
Rufen Sie uns an:	Von Österreich:	01-513 77 22
	Von auswärts:	0043-1-513 77 22
Schicken Sie uns ein Email:	missio@missio.at	
Schreiben Sie uns per Post:	Missio Österreich Seilerstätte 12/1 1010 Wien, Österreich	

29. Das Siegeskreuz von Brescia

Vor Beginn der Pandemie-Krise war Missio-Nationaldirektor Pater Karl Wallner auf der Suche nach einem würdigen Gastgeschenk für die vielen Erzbischöfe und Bischöfe, denen wir jährlich begegnen. Entweder weil Missio-Mitarbeiter unsere Hilfsprojekte besuchen, oder weil Projektpartner zu uns in die Nationaldirektion nach Wien auf Besuch kommen. Das Geschenk sollte „flugzeugtauglich" sein, also klein, kompakt und doch wertvoll. Durch Gottes Fügung stieß Pater Karl, als er mit den Jesus-Bikern 2019 bei Papst Franziskus in Rom war, auf ein kleines romanisches Kreuz, das ihm auf Anhieb gefiel. Missio-Mitarbeiter recherchierten die Manufaktur, die sich in der Nähe des italienischen Marienheiligtums Loreto befand und gaben 100 Stück in Auftrag.

Wieder geschah eine Fügung, denn diese für die Bischöfe gedachten Standkreuze wurden am 15. März 2020 geliefert, jenem Tag, an dem der große Lockdown in Österreich verkündet wurde. Das war die Zeit, als die Medien die Stapel von Särgen aus Norditalien zeigten, besonders aus der Stadt Brescia. Beschäftigt man sich mit der Geschichte dieses Kreuzes, ist man verblüfft. Das Original des „Siegeskreuzes" befindet sich im Alten Dom der Stadt Brescia in Norditalien und stammt aus dem 11. Jahrhundert. In Krisen und Kriegsgefahr zog man mit diesem Kreuz ins Feld, darum „Siegeskreuz". Das Siegeskreuz ist ein Auferstehungs- oder Triumphkreuz, das Christus als den Sieger über Sünde und Tod zeigt.

So kam Pater Karl die Idee: In dieser Gefahr der Pandemie müssen wir das Vertrauen der Gläubigen auf die Macht Christi, des Siegers, stärken. Ab sofort verwendete er am Schluss der Heiligen Messe das Siegeskreuz und nahm es – wie es guter ostkirchlicher Tradition entspricht – zum Segnen in die Hand.

Homepage direkt:	www.missio.at/shop unter „Missio-Siegeskreuz"
Rufen Sie uns an:	Von Österreich: 01-513 77 22 Von auswärts: 0043-1-513 77 22
Schicken Sie uns ein Email:	missio@missio.at
Schreiben Sie uns per Post:	Missio Österreich Seilerstätte 12/1 1010 Wien, Österreich

30. Das „Vertrauensbuch"

Am Ende eines jeden Tages blickt man gerne zurück und lässt das Erlebte Revue passieren. Im Gebet ist es genauso: Man dankt Gott für alles, was er gibt und bittet ihn um die Erhörung konkreter Anliegen. Dabei bietet sich das Mitschreiben der Bitten optimal an, um auch nach einiger Zeit auf das zurückzublicken, was einem Gott ermöglicht hat.

Unser Vertrauensbuch eignet sich optimal dazu, seine Anliegen und seinen Dank niederzuschreiben. Das Buch kann von beiden Seiten beschrieben werden. Die Seite mit dem Jesusbild lädt dazu ein, Dankgebete aufzuschreiben. Die Seite mit dem Bild des Heiligen Josefs lädt uns dazu ein, unsere Anliegen und Fürbitten niederzuschreiben. Somit hat man all seine Fürbitten und Dankgebete auf einem Blick in einem Buch zusammengefasst.

Homepage direkt:	www.missio.at/shop unter „Vertrauensbuch"	
Rufen Sie uns an:	Von Österreich:	01-513 77 22
	Von auswärts:	0043-1-513 77 22
Schicken Sie uns ein Email:	missio@missio.at	
Schreiben Sie uns per Post:	Missio Österreich Seilerstätte 12/1, 1010 Wien, Österreich	

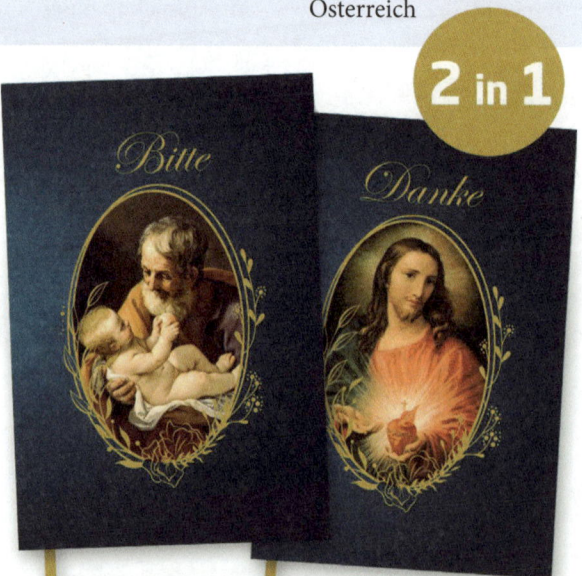

2 in 1

31. Die kleinen Missio-Taschenevangelien

„Nehmt das Evangelium, tragt es bei euch und lest jeden Tag darin: Es ist Jesus selbst, der da zu euch spricht!" Dieser missionarische Aufruf von Papst Franziskus inspirierte Missio, kleine Taschenausgaben der Evangelien zu produzieren. Wir nennen sie die „Missio-Pocket-Evangelien". Dass die Evangelien so klein sind, ist Absicht, denn:

Erstens kann man die kleinen Pocket-Evangelien immer bei sich tragen. Und zweitens eignen sich hübschen Büchlein gut zum Verschenken an Jugendliche. Bei der Gestaltung der Umschläge haben ein Design gewählt, das sowohl Jugendliche als auch Junggebliebene anspricht. Die Missio-Pocket-Evangeliens sind ein ideales Geschenk zur Firmung, zum Bestehen einer Prüfung, zum Schulabschluss usw.

Homepage direkt:	www.missio.at/shop unter „Pocket-Evangelien"
Rufen Sie uns an:	Von Österreich: 01-513 77 22
	Von auswärts: 0043-1-513 77 22
Schicken Sie uns ein Email:	missio@missio.at
Schreiben Sie uns per Post:	Missio Österreich
	Seilerstätte 12/1
	1010 Wien, Österreich

32. Das Lebens-Kalender-Buch

Wann ist der Geburtstag meines Schwagers? Wann war der Hochzeitstag meiner Eltern, der Sterbetag meiner Großmutter? In dem Lebens-Kalender-Buch gibt es für jeden Tag des Jahres ein Blatt, wo Sie wichtige persönliche Ereignisse und Jubiläen eintragen können. So vergessen Sie nie wieder auf Geburtstage, Festtage, Hochzeitstage, Sterbetage und andere besondere Anlässe. Das Lebens-Kalender-Buch hilft uns, unser Leben in die Hände Gottes zu legen, denn er führt uns ja durch alle Tage unseres Lebens; es hilft uns, unsere Geschichte hineinzunehmen in das Heute.

Bitte kontaktieren Sie uns, das Lebens-Kalender-Buch ist auch ein schönes Geschenk!

Homepage direkt:	www.missio.at/shop unter „Lebens-Kalender"
Rufen Sie uns an:	Von Österreich: 01-513 77 22 Von auswärts: 0043-1-513 77 22
Schicken Sie uns ein Email:	missio@missio.at
Schreiben Sie uns per Post:	Missio Österreich Seilerstätte 12/1, 1010 Wien, Österreich

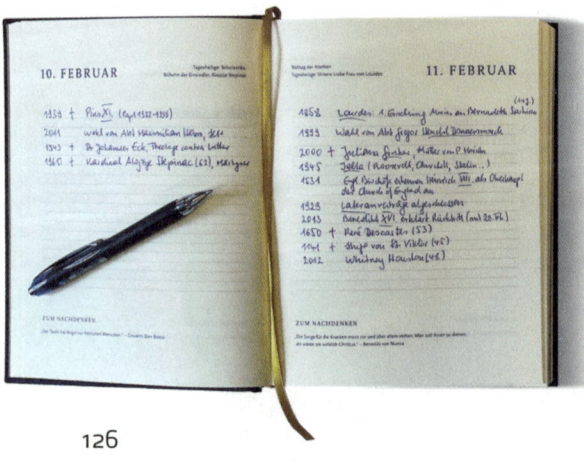

33. Das Weihwasserfläschchen

In der Pandemiezeit haben wir von Missio in unserem Shop spezielle Fläschchen für Weihwasser entwickelt. Eigentlich gehört Weihwasser in jeden katholischen Haushalt ... Weihwasser ist Wasser, das im Namen des dreifaltigen Gottes gesegnet wurde. Es soll Sie an Ihre Taufe erinnern, als Christus Ihre Sünden getilgt hat und Ihnen aus Wasser und Heiligem Geist neues Leben geschenkt hat. Wenn Sie das Weihwasser gläubig verwenden, dann erneuert der Heilige Geist in Ihnen die Gnade der Gotteskindschaft. Sie können mit Weihwasser auch Personen, Gegenstände und Räume besprengen. So erbeten Sie den besonderen Schutz und den Segen Gottes.

Was sollen Sie mit Weihwasser machen? Bekreuzigen Sie sich täglich mit Weihwasser und erneuern auf diese Weise Ihr Taufversprechen. Danken Sie dabei Gott dem Vater, dass Sie sein Kind sein dürfen. Bitten Sie den Herrn Jesus Christus, dass er Sie heil und rein machen möge. Vertrauen Sie auf den Heiligen Geist, dass er mit seiner Gnade in Ihnen wirken will.

Wenn Sie das Weihwasser nehmen, erwecken Sie immer auch Reue über Ihre Sünden. Fassen Sie den Vorsatz, ein Leben zu führen, dass eines Christen würdig ist. Vertrauen Sie darauf, dass Gott Ihnen in seiner Barmherzigkeit dabei helfen wird.

Wie wird Wasser zu Weihwasser?

Füllen Sie das Fläschchen mit frischem Wasser und fügen Sie etwas Salz hinzu.

Erbitten Sie die Segnung des Wassers von einem Priester in Ihrer Nähe.

Wenn nicht anders möglich, können Sie das Wasser auch aus der Distanz segnen lassen, etwa über Telefon und Livestream.

Verwenden Sie Weihwasser nie abergläubisch, sondern immer im Vertrauen auf Gottes Gnade – dann wird Gott Sie segnen.

Homepage direkt:	www.missio.at/shop unter „Weihwasser"
Rufen Sie uns an:	Von Österreich: 01-513 77 22 Von auswärts: 0043-1-513 77 22
Schicken Sie uns ein Email:	missio@missio.at
Schreiben Sie uns per Post:	Missio Österreich Seilerstätte 12/1 1010 Wien, Österreich

34. Jugendgruppen und Schulklassen sind willkommen

Schulklassen, Jugendgruppen und Firmgruppen haben die Möglichkeit, unsere Nationaldirektion zu besuchen. Dabei werden sie von unserem Young Missio-Team empfangen und „betreut". Unser Ziel ist es, dass sie erfahren, wie wir von Missio Österreich konkret für die Weltkirche wirken.

Neben einer Besichtigung der Nationaldirektion bieten wir also vieles, das meist unbekannt ist. Junge Leute sind idealistisch. Wir bieten Motivation, sich für die Weltkirche zu interessieren und eine „missionarische Neugierde" zu entwickeln, im besten Fall vielleicht sogar ein Engagement für dieses oder jenes Hilfsprojekt von Missio Österreich!

Für solche Besuche, die rechtzeitig angemeldet und gut geplant werden müssen, gibt es freilich eine zeitliche Einschränkung: Das geht nur unter der Woche, da ja die Mitarbeiterinnen und Mitarbeiter von Missio Österreich am Wochenende arbeitsfrei haben. Wir empfehlen Lehrerinnen und Lehrern, solche Besuche als Exkursion oder Lehrausgang zu planen.

Wir bieten verschiedene Module an, aus denen die Gruppen wählen können. Je nach Alter, Interessensschwerpunkt und nach der Zeit, die zur Verfügung steht. Dadurch werden unsere Inhalte individuell an die einzelnen Gruppe angepasst.

Homepage direkt:	www.youngmissio.at	
Rufen Sie uns an:	Von Österreich:	01-513 77 22
	Von auswärts:	0043-1-513 77 22
Schicken Sie uns ein Email:	young@missio.at	
Schreiben Sie uns per Post:	Missio Österreich Seilerstätte 12/1 1010 Wien, Österreich	

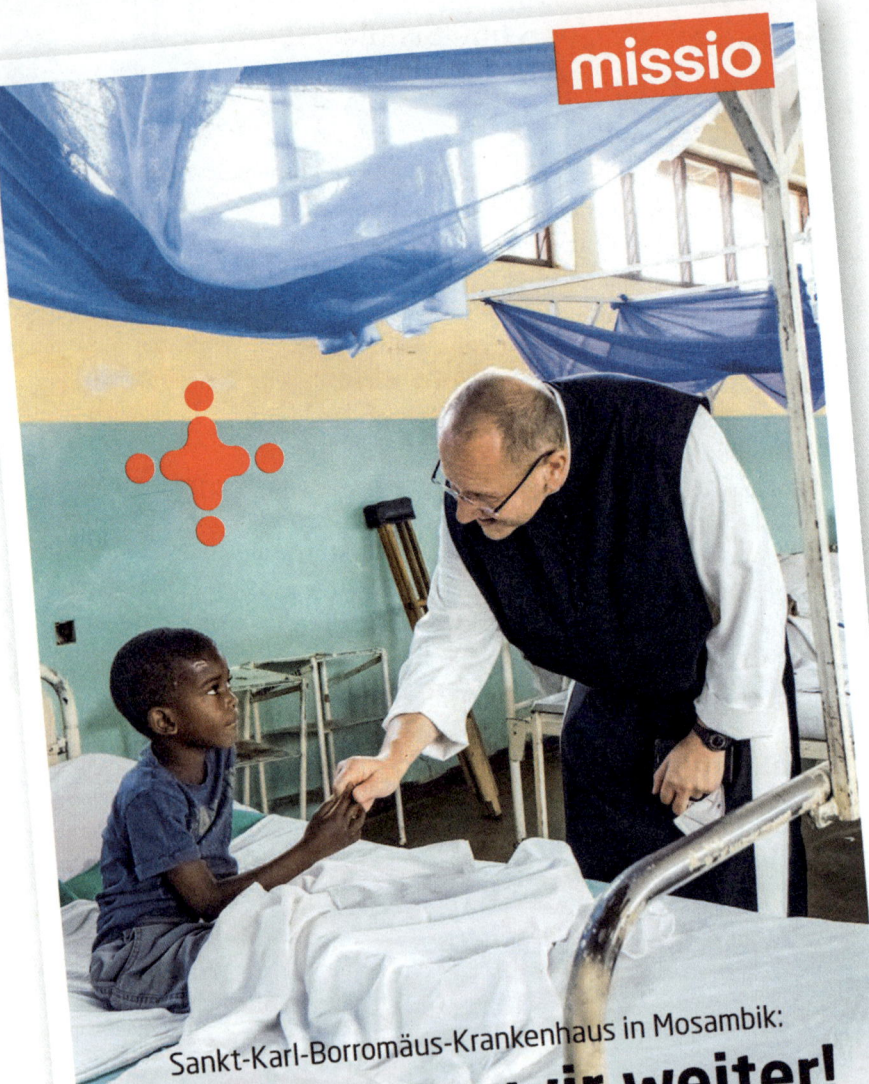

35. Wir bauen ein Sankt-Karl-Borromäus-Krankenhaus in Afrika

Etwas Nachhaltiges bewirken, wovon die Menschen auch noch in vielen Jahrzehnten profitieren werden: Das ist das deklarierte Ziel von Missio Österreich mit dem Bau des Sankt-Karl-Borromäus-Krankenhauses im Norden Mosambiks, eines Landes in Afrika, das zu den zehn ärmsten Ländern der Welt gehört. Mitten in der ersten Coronapandemiewelle hat Missio-Nationaldirektor Pater Karl Wallner gelobt, dass Missio als Dank für die überstandene Pandemie ein Krankenhaus in Afrika bauen wird. So entstand die Idee des Sankt-Karl-Borromäus-Krankenhauses.

Dieses Krankenhaus wird rund 100.000 Menschen im Norden Mosambiks eine medizinisch professionelle Versorgung anbieten. Es soll eine Anlaufstelle für Kranke in Not werden. Mit einer Kinder- und Geburtenstation, mehreren Operationssälen, einer Apotheke sowie einer Augenheil- und Zahnklinik wird die medizinische Versorgung im Norden Mosambiks abgedeckt werden. Bislang haben die Bewohner weder ein Krankenhaus noch eine ärztliche Versorgung. Oft müssen die Kranken rund 90 Kilometer zu Fuß oder mit dem Rad bewältigen, um sich von einem Arzt untersuchen lassen zu können.

Gemeinsam mit den Missionsbenediktinern und Abt Christian Temu haben wir zuverlässige Partner vor Ort gefunden. Die Planungen für das Bauvorhaben sind weitgehend abgeschlossen, der Gesamtplan steht! Ein dringend benötigter Brunnen wurde gebohrt und im November 2023 soll es zur Grundsteinlegung kommen. Neben dem Sankt-Karl-Borromäus-Krankenhaus entsteht eine Niederlassung der Missionsbenediktiner, die die notwendige medizinische Erfahrung mitbringen. Mit dem Gesundheitskonzern VAMED konnten wir ein erfahrenes Unternehmen als Projektpartner gewinnen, das schon einige Krankenhäuser in Afrika gebaut hat.

Wir setzen beim Krankenhausbau auf die Unterstützung unserer Spender, die sich mit ihrer Spende einen „Heiligen-Baustein" sichern können. Jede Bausteingröße ist einem Heiligen zugeordnet. Die Fürsprache der Heiligen ist uns in diesem Herzensanliegen eine besondere Hilfe. Bauen auch Sie mit uns Baustein für Baustein das Krankenhaus auf.

Wir haben einen umfangreichen Informationsfolder für dieses große Projekt gestaltet und schicken ihn gerne zu.

Homepage:	www.missio.at unter „Krankenhaus"
Homepage direkt:	www.missio.at/projekt/sankt-karl-borromaeus-krankenhaus-in-mosambik
Rufen Sie uns an:	Von Österreich: 01-513 77 22 Von auswärts: 0043-1-513 77 22
Schicken Sie uns ein Email:	missio@missio.at
Schreiben Sie uns per Post:	Missio Österreich Seilerstätte 12/1 1010 Wien, Österreich-

Heilige	Spendenbausteine
	25 Euro — Hl. Elisabeth-Baustein
	50 Euro — Hl. Antonius-Baustein
	75 Euro — Hl. Blasius-Baustein
	100 Euro — Hl. Mutter Teresa-Baustein
	250 Euro — Sel. Schwester Restituta Kafka-Baustein
	300 Euro — Hl. Johannes von Gott-Baustein
	500 Euro — Hl. Camillo-Baustein
	750 Euro — Hl. Therese von Lisieux-Baustein
	1.000 Euro — Hl. Josef-Baustein
	1.414 Euro — Hl. Vierzehn Nothelfer-Baustein
	2.500 Euro — Hl. Pater Pio-Baustein
	5.000 Euro — Hl. Nikolaus-Baustein
	10.000 Euro — Hl. Corona-Baustein
	über 10.000 Euro — Hl. Karl Borromäus-Baustein

Ihr Baustein
für unser Sankt-Karl-Borromäus-Krankenhaus in Afrika

„Die Bausteine für unser Sankt-Karl-Borromäus-Krankenhaus im Norden von Mosambik haben wir symbolisch Heiligen zugeordnet. Wir brauchen die Hilfe des Himmels, um dieses große Vorhaben für die Ärmsten der Armen zu schaffen."

Pater Karl Wallner,
Nationaldirektor von Missio Österreich

Ihre monatliche Unterstützung // Maria Königin-Baustein

Bitte unterstützen Sie uns mit einem monatlichen Dauer- oder Einziehungsauftrag. Mit Ihrem „Maria Königin-Baustein" helfen Sie besonders nachhaltig beim Bau unseres Krankenhauses!